万卷方法®

如何做好文献综述

Conducting Research Literature Reviews:
From the Internet to Paper 3e

阿琳·芬克（Arlene Fink） 著

齐 心 译

重庆大学出版社

图书在版编目(CIP)数据

如何做好文献综述/(美)芬克(Fink. A.)著;齐心译.—重庆:重庆大学出版社,2014.5(2023.1 重印)
(万卷方法)
书名原文:Conducting research literature reviews 3e
ISBN 978-7-5624-8089-1

Ⅰ.①如… Ⅱ.①芬…②齐… Ⅲ.①论文—写作 Ⅳ.①H052

中国版本图书馆 CIP 数据核字(2014)第 076104 号

如何做好文献综述
(第 3 版)
阿琳·芬克 著
齐 心 译
策划编辑:林佳木
责任编辑:韩 鹏 版式设计:邹 荣
责任校对:秦巴达 责任印制:张 策
*
重庆大学出版社出版发行
出版人:饶帮华
社址:重庆市沙坪坝区大学城西路 21 号
邮编:401331
电话:(023) 88617190 88617185(中小学)
传真:(023) 88617186 88617166
网址:http://www.cqup.com.cn
邮箱:fxk@cqup.com.cn(营销中心)
全国新华书店经销
重庆市国丰印务有限责任公司印刷
*
开本:940mm×1360mm 1/32 印张:7.5 字数:216千
2014 年 5 月第 1 版 2023 年 1 月第 8 次印刷
ISBN 978-7-5624-8089-1 定价:33.00 元

作译者简介

阿琳·芬克，博士，加利福尼亚大学洛杉矶分校医学和公共卫生教授，兰利研究所所长。她的主要兴趣包括评估和调查研究，以及开展研究文献综述并对其质量进行评估。芬克博士已经在医学、公共卫生和教育领域开展过很多项研究。她是加州大学洛杉矶分校的罗伯特·伍德·约翰逊临床学者项目（Robert Wood Johnson Clinical Scholars Program）及其健康服务中心的教师，还是南加州大学的少数民族研究中心顾问委员会的成员。她还是美国生物伦理学会、国际临床伦理学会和法国巴黎高等航空航天学校（IPPSA）等机构的顾问。芬克教授频繁在美国及国际上演讲，并且是100多篇同行评议文章和15种教科书的作者。

齐心，男，1969年出生，河北省石家庄市人。2005年毕业于北京大学社会学系，获博士学位。曾于2008年受韩国高等教育财团资助赴韩国国立首尔大学做访问学者一年。现为北京市社科院城市问题研究所副所长、研究员。研究方向为城市发展战略、城市网络、城市居住与住房问题。

前　言

每年,数以万计的研究结果发布在期刊、杂志、书籍和网络上。举例来说,已经开展过数百项研究以找出电子游戏和网络浏览对孩子行为的影响,辅导是否会提高 SAT 分数,以及是否应该对抑郁使用药物和(或)行为疗法进行治疗。

个人如何才能识别和了解教育、健康、社会福利、心理学和商业领域各个主题的海量现有信息?该使用什么标准来区分好的和差的研究?

这本书是为了帮助任何希望回答这些问题的人。其主要目的是教会读者识别、解释和分析已发表和未发表的研究文献。特别是在下列方面指导读者:

- 寻找有效的在线目录/文章数据库
- 确定如何使用关键字、描述符、标识符和主题词表检索文献
- 使用布尔操作符完善检索
- 寻找和处理未发表的研究
- 使用文献管理软件组织研究文献
- 设定取舍标准以产生有用且有效的数据
- 选择一种方法识别和综述那些“质量最高”的文献
- 准备一种结构化的抽取形式
- 确保并且测量综述的可靠性和有效性
- 在计划书和论文的一部分里,或者在单独的报告中,汇总和报告结果
- 评估定性研究
- 开展和评估描述性文献综述
- 了解和评估元分析研究

本书提供流程图协助读者将综述的每个步骤和每个章节联系起来,并且提供与目标相关的练习。

第3版新内容

- 来自社会、行为和健康科学的近百个新的在线实例和在线参考文献
- 修订和更新过的在线文章数据库的目录
- 使用了主要在线数据库[如科学网络(the Web of Science)]的案例研究
- 扩充了章末的练习,以包含更多在线搜索
- 澄清了某些研究的基本概念,这些概念对于判断研究方法的质量是必不可少的
- 在**研究设计**效度(内部的和外部的)和**测量**效度之间的差别方面,提供了更多的例子和更清楚的解释
- 介绍了评估文献方法学质量的现有主要正规体系
- 更多针对如何评估其质量的定性研究的例子和数据
- 更多关于如何撰写综述的例子以及实例分析

第3版与其他版本的不同之处还在于提供与全书内容相关的将近100张PowerPoint幻灯片。这些幻灯片可以在www.sagepub.com/finklit找到。

本书是为那些希望了解社会、教育、商业和健康问题的知识现状的人而写的。这些读者包括学生、研究者、商人、规划师和政策制定者,本书可以帮助他们设计和运营公共和私人机构,开展研究,准备战略计划和资助申请书。举例来说,每一项资助申请书都要求申请者提供证据表明他们了解相关文献,而且能够根据某个主题已知和未知的信息论证资助的必要性。此外,战略和项目规划者对关于"最佳实践"人们已经知道了些什么感兴趣,以便据此设定项目任务和规划多种行动,诸如销售商品与服务、预防虐待儿童以及建立学费优惠券制度。任何能够使用虚拟或现实图书馆的人都可以使用本书。

致 谢

我感谢所有评议人提出的建设性的评论和建议。他们的建议对我撰写第3版而言是无价之宝。

迈克尔·巴斯特多(Michael Bastedo)
密歇根大学

拉尔夫·B.布朗(Ralph B. Browm)
杨百翰大学

罗娜·J.卡拉西克(Rona J. Karasik)
圣克劳德州立大学

芭芭拉·勒德洛(Barbara Ludlow)
西弗吉尼亚大学

安德鲁·莫萨(Andrew Mertha)
康奈尔大学

德博拉·奥克利(Deborah Oakley)
密歇根大学

盖尔·A.斯潘塞(Gale A. Spencer)
宾汉姆顿大学

布鲁斯·E.温斯顿(Bruce E. Winston)
瑞金大学

伊博妮·珊曼妮-加拉赫(Eboni Zalmani-Gallaher)
东密歇根大学

目 录

1 综述文献

为何？为谁？如何？

本章目的

本章概述了做研究综述的过程，并对如何使用研究综述做出了说明。本章的一个主要目的是展示如何利用主要的目录或文章数据库进行研究文献的在线检索。本章指导你如何向这些数据库提出具体的问题，以及如何利用关键词、主题词和布尔逻辑来检索相关信息。本章也讨论了补充在线检索的方法，包括人工或手工进行参考文献检索，以及从专家那里获得帮助。最后，本章讨论了如何利用目录或参考文献软件组织和存储文献。

研究文献综述有许多用途。在申请资助或学位的报告中，在研究 【2】
论文中，在专业和实务的指南中，在为了满足个人好奇心的报告中，你都可以找到它们。研究综述是综合性的和易于再现的。它们不同于其他较为主观的评论，后者往往是选择性的且可能是误导性的。

研究综述者明白自己的研究问题、检索策略、取舍标准、数据抽取方法、研究质量评估标准，以及综合和分析其研究发现的技术。主观的评论人选择文章时没有给出选中理由，他们可能给予好的和坏的研究同等的信任。主观评论人得出的结论经常是基于对现有文献的带有倾向性的考查，他们的发现可能是不准确的，甚至是错误的。

图 1.1 显示了开展研究文献综述涉及的步骤。本章内容对应图中的阴影部分：选择研究问题、选择目录数据库和网站，选择检索词，以及请专家评价你的方法。

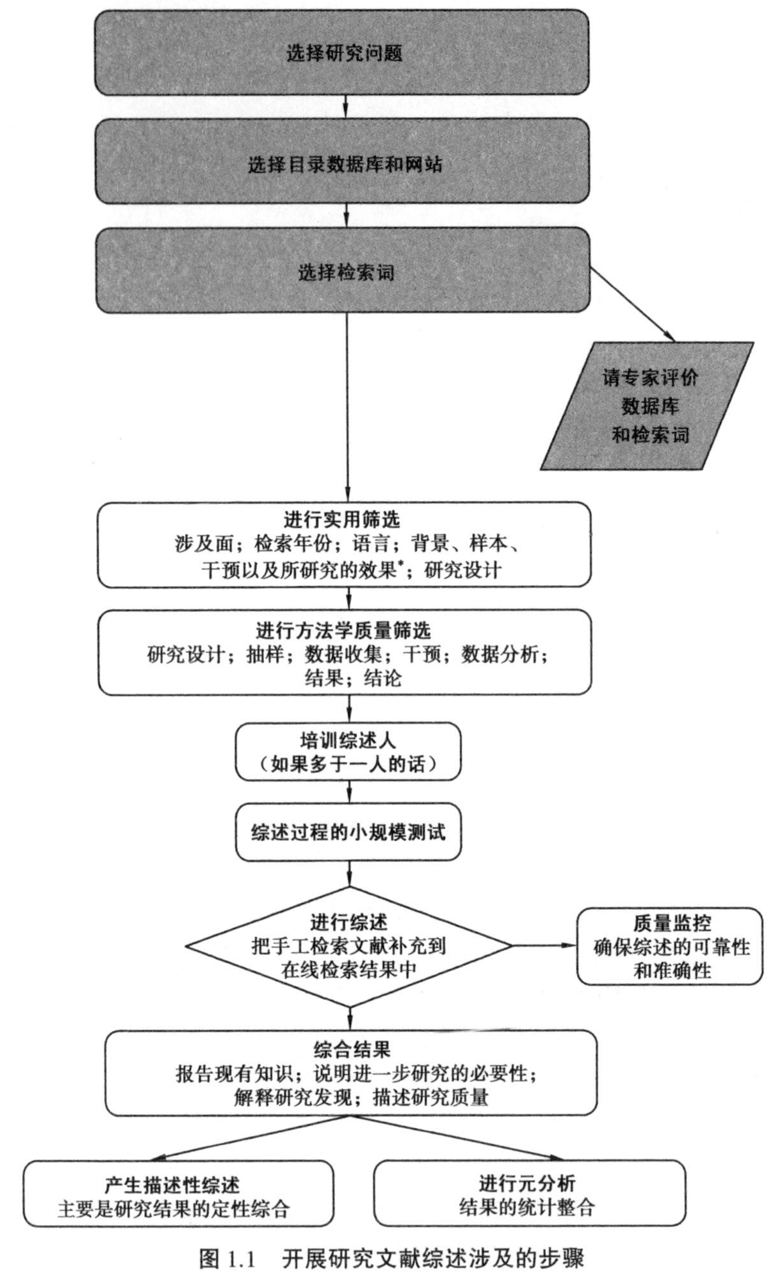

【4】 图 1.1　开展研究文献综述涉及的步骤

---

* 这里的效果指与干预对应的结果。——译者注

什么是研究文献综述？为什么要做？

研究文献综述是一种系统的、明晰的和可再现的方法，这种方法用于寻找、评估和综合研究者、学者和从业者已完成和有记录的工作。

你的综述所依据的那些学问和研究来自包括健康、教育、心理学、商业、金融、法律和社会服务等在内的各种专业背景的人。研究综述的结论基于学者和研究者的原始工作。把重点放在高质量的原始研究上，而不是对研究发现的解释上，这是使你的综述可控和准确的唯【3】一保证。

研究文献综述包含七项任务：

1.**选择研究问题**。研究问题是指导综述的精确表述的问题。

2.**选择目录或文章数据库、网站和其他信息来源**。目录数据库是能够为回答研究问题提供资料的文章、书籍和报告的集合。目录数据库通常是可以在线查询的。与文献综述相关的目录数据库包含原始研究的详细信息。其他信息来源包括相关领域的专家、互联网以及文章中的参考文献目录。

3.**选择检索词**。检索词是用来获取合适的文章、书籍和报告的单词和短语。你基于这些词和概念构建了研究问题，并且使用特殊的语法和逻辑进行检索。

4.**应用实用筛选标准**。最初的文献检索总是产生许多结果，但是只有部分是相关的。你需要设定取舍标准，以筛选文献，找出相关的文章。实用筛选标准包括文章使用的语言、研究背景、资助方等项目。

5.**应用方法学筛选标准**。方法学标准包括评估研究范围充分性及其科学质量的标准。

6.**进行综述**。可靠且有效的综述需要使用标准化的形式来抽取文章中的数据，培训综述人（如果不止一人）做抽取工作，监测综述质量，并对这个过程进行小规模测试。

7. **综合结果**。文献综述结果可以描述性地予以综合。描述性综合是基于综述人的经验和可获得文献的内容和质量而对综述发现的
【5】一种解释。一种特别的综合类型——元分析——则使用统计方法将两个或更多研究的结果整合在一起。

为什么要做文献综述？这可以是出于你个人的求知欲,或者因为你想了解关于某个主题现在已经知道了些什么,但又不能或者不想自己进行研究。也有一些出于实用目的的综述。在荣誉论文或硕士论文中,在开题报告或者学位论文中,或者为项目规划、改进及评估申请资助时,都会被要求提供文献综述。思考下面的例子。

撰写资助申请书

例子。消费者教育基金会对健康促进和疾病预防感兴趣。它现在的资助优先领域之一是预防老年人中的药物滥用和酗酒。"社区健康计划"决定向该基金会申请一笔资金,用于编写一套老年教育材料。该基金会要求所有申请报告都要有文献综述,以证明所提出的研究或者教育项目是创新性的和有根据的。

"社区健康计划"的申请书撰写人做了一个广泛的文献综述。他们首先检索了支持他们的假设的证据,即酗酒的风险在年长和年轻的人中是不同的。大量的研究提供了他们需要的令人信服的证据。申请书撰写人也发现现有的教育项目没有充分考虑这一区别。据此,"社区健康计划"找到了实据,以支持其特别为65岁及以上老年人设计的消费者教育计划。该项目将会使用文献中显示的对这一人群特别有效的教育方法。也就是说,项目将会基于已经被证实为有效的教育方法。

基金评审人认为申请书撰写人已经在文献综述方面做了很好的工作,但是要求就所提出的特定教育方法提供更多的信息。申请书撰写人扩充了他们的文献综述范围,以寻找那些特别适合老年人的学习和指导方法。

撰写资助申请报告时,你几乎总是会被要求使用文献来论证你的
【6】研究的必要性。你必须证明现有的文献中几乎不能或很少能找到可

以有效解决你的研究主题的文献,或者现有的研究不如你准备开展的研究解决得那么好。在干预研究中,你需要提供证据表明你准备使用的方法是有效的。

在前述的例子中,申请书撰写人通过展示现有的资料没有充分重视酗酒风险在年轻和年长者中的差别,从而使用文献论证了他们的消费者教育计划的合理性。他们也使用文献支持他们关于风险有差别的假设,并寻找特别适合老年人的学习和指导方法。

文献综述也可用于学位论文中。

撰写学位论文

例子。一名博士生计划写一篇关于新开一门中学课程的论文,这一课程的目标是改变与艾滋病相关的知识、理念,提升与艾滋病预防措施相关的自我效能,以及减少艾滋病危险行为。这个学生被告知,只有通过文献综述回答下列问题,论文才能被接受:

1.现有哪些课程？这些课程是否能满足当前中学生对艾滋病教育的需要？这些课程是否经过正式的评估？若评估过,它们是有效的吗？

2.现有哪些与艾滋病相关的知识、信念、自我效能和行为的测量方法？它们是可靠的吗？它们是有效的吗？

这个学生进行了综述而且得出结论,现有的课程并未把重心放在预防上,虽然有些课程有一些简短的预防单元。他还发现,文献中存在对艾滋病相关知识、理念和行为的有效测量方法,然而对自我效能尚无好的测量方法。最后这个学生的结论是,新开一门详细的艾滋病预防课程是值得的。他计划使用已有的对艾滋病相关知识、理念和行为的测量方法,同时验证一种与艾滋病预防行为相关的自我效能的测量方法的有效性。【7】

这名博士生的导师对其综述仍有疑问。现有课程在满足当今学生的需要方面有效性究竟如何？行为风险与前代相比是增加了还是减少了？文献是如何论述艾滋病在青少年中的传播的？这名学生扩充了他的文献综述以回答这些疑问。

文献综述也被用来指导当下的专业实践,如同下面这个例子所描述的那样。

描述和解释现有知识以指导专业实践

例子。一组医生出于为抑郁症患者的治疗寻求一系列指导方针或建议疗法的目的而进行文献综述。首先,他们使用文献帮助定义抑郁症及其不同表现形式(比如,最常见的是重度抑郁症和心境恶劣障碍)。接下来,医生们依靠文献获取了关于有效治疗方法的资料。他们发现文献支持对于不同的人群(诸如孩子和老年人)、抑郁类型、性别和疗法(包括药物和精神)需要区域对待。

根据文献综述的结果,医生们对于不同的关注人群提出了不同的指导原则,并根据性别和抑郁类型的不同分别推荐治疗方法。举例来说,推荐意见指出,对于患有重度抑郁症的老年病人的疗法,不同于患有重度抑郁症的年轻人的疗法;对于每种类型抑郁症的治疗,无论年龄大小,男性和女性都是不一样的。

进一步地,诸如医疗保健、教育、心理和社会福利等领域的专业人员,被要求将其活动和计划建立在已被证明有效的做法的基础上。举例来说,假设一个学区打算开展一项新的阅读计划。在此之前,这个学区需要提供新计划"起作用"的证据。如果有条件的话,学区可以开展一项研究证实阅读计划对其学生的有效性。另外的选项则是在文
【8】献中寻找有效性的证据。被证实有效的做法、干预、项目、政策可以被称作**循证的**(evidence based)。在前述的例子中,文献综述被用于选择定义,构建抑郁治疗原则,以及建立不同抑郁类型、性别和年龄的不同疗法。

文献也能被用来寻找做研究或开发和执行项目的方法,如下面的例子所示。

寻找有效的研究和开发方法

例子。一项文献综述提及了一种有效的关于饮酒的网络评估方法。这项评估不仅测量了 65 岁及以上老年人的酒类消费,还测量了酒类消费与健康恶化、医疗条件以及身体机能之间的关系。报告撰写人开发和评估了一项饮酒课程计划,准备为他们的研究购买一种计算机评估工具,因为购买工具的花销要少于开发和验证一种新工具的花销。挑选和使用一个现成的工具将使报告更具竞争力。

有必要重新"发明轮子"吗？大量工作已经被投入方法和工具的生产,这些方法及工具稍加改造就可以满足你的特殊需要。举例来说,如果你对评估客户或者病人的满意度、健康状况或教育程度、态度或行为感兴趣,文献中到处是可以让你借鉴的例子。

文献综述可能产生不一致或者含义模糊的结果,或者可能没有充分覆盖某个主题。当数据模糊或缺失时,专家,即有知识和有名望的人,时常被请来帮助解决由此带来的不确定性,如下所述。

寻找能够帮助解释现有文献的专家以及寻找未发表的信息源

例子。在评估文献之后,找到了三个同在本市工作的人,他们分别在本主题上发表了至少五项研究。其中两个人同意为我们的项目提供
咨询,帮助我们寻找其他有关的出版物。【9】

例子。关于抑郁症的文献综述留下了许多悬而未决的问题。举例来说,某种药物治疗的长期效果在文献中没有充分反映,某种类型的"谈话治疗"的有效性也是如此。一组医生、护士和精神科社工被召集在一起,以便利用他们的临床知识和其他专业知识补充文献综述。选择小组成员的一个主要标准是他们在文献综述中的出版记录。

文献也能被用来帮助你发现哪里可以获得研究支持。你也能了解当前正在开展的研究的类型。下面是这类应用的一个例子。

寻找资金来源和正在开展的工作

例子。通过文献检索我们找到了 100 项有关的研究。教育部赞助了其中的一半左右。我们联系该部询问是否可把我们列入他们未来的研究资助目录里。我们联系项目经理了解当前项目中尚未发表的信息,以补充我们的文献综述。

身为医疗、教育和社会服务的消费者,我们想要确定我们是否接受了最好的服务和治疗。文献能够在这方面提供帮助,能够让我们接触到已经评估过的项目,并帮助我们选择标准做出自己的评估。也有些时候我们对某个问题只是好奇,知道怎样做文献综述有助于满足我们的好奇心。

满足个人的好奇心

例子。要求选民对教育券的优点作出判断。这些代金券是发给父母的,孩子上他们选择的任何学校都可以使用这些代金券。想法是,那些当下表现相对较差的学校只有做得更好,才能向学生“出售”自己。教育券确实鼓励了竞争吗?选择机会的增加是如何影响孩子们的智
【10】 力和社会幸福感的?文献综述有助于回答诸如此类的问题。

例子。有些父母观察到他们的孩子在吃了富含糖分的食物之后显得不安甚至激动。吃“过多”的糖是否会诱发孩子的攻击性行为?文献综述将会帮助你回答这个问题。

看一下这三项个案研究。选择文献综述。

三项个案研究:是否综述文献?

个案 1:政策制定和项目规划——最新知识。社会福利部正在考虑开展一系列家庭维系服务项目。这些项目旨在预防可能遭受虐待和疏忽的孩子被带离他们的家庭。项目参加者——家庭和孩子——将得到情绪、教育和财务方面的支持。家庭维系项目被许多业内人士认为

是颇有价值的。但其他人不是如此肯定,他们会质疑“是否所有项目都一样有效,还是一些项目比其他项目更有效?”如果一些项目更有效,是哪些活动让它们更为有效?”“这些活动适合由现部门举办吗?”“如果部门决定开展或者改造一项家庭维系项目,该采用什么方法和标准去测量其成果和有效性?”“可以帮助开展评估的家庭维系领域的专家有哪些?”社会福利部希望通过文献综述得到这些问题的答案。

社会福利部的研究部门使用了三个有关社会和心理研究的网上目录数据库。研究人员找出了 200 项关于家庭维系项目的研究。在评估了调研者的发现满足社区需求的程度后,他们解答了社会福利部的疑问。

个案 2:为护理中心制定感染和发烧的治疗方针。感染是护理中心病人致病和致死的主要原因,也是住院的主要原因。每年发生在长期照护机构中的感染超过一百五十万次。在护理中心的年老病人中,绝大多数发烧是由严重的感染引起的。如果处置不当,可能造成不必要的疾病、死亡和开支。【11】

尽管这个问题很严重,但护理中心关于发现和治疗发烧的指导方针并不健全。为了弥补这一缺陷,大西洋保健组织召集了一组专家,他们中的每一位都在发烧、传染病、老年人和护理中心等领域著述颇丰。在开会之前,要求专家组成员提交他们公开和未公开发表的研究报告以便讨论和协商。最终护士和医生采用了一种有效的“专家组程序方法”提出发现和治疗发烧的诊疗规程。专家组也帮助设定了评估照料质量的标准。无论是诊疗规程还是照顾质量评估方法,都是基于专家组成员的研究发现以及他们自己在发现和治疗老年发烧患者方面的经验。

个案 3:知道什么和不知道什么——判断开展新研究以填补空白的必要。65 岁及以上人群的酗酒问题已经成为一个日益严重的公共卫生问题。即使酗酒者比例保持不变,医生和其他健康专业人士仍能预见到酗酒者数量的增加,这是因为老年人在总人口中的数量将会增加。传统上关于酗酒问题的研究主要关注年轻人,比如他们的工作和家庭问题等,而关注老年人的研究则非常少见。

老年人的酗酒将损害其身体功能,引发或者恶化疾病,或者增加治疗的难度。酒精还会影响百余种老年人常用药物的药效。最后,老年人对酒精的代谢与年轻人不同,这使他们哪怕饮酒量相对较小也会遭受不利影响。

为了解决老年人的特殊需求,公共卫生工作者开展了一项文献综述,为医生和其他医疗工作人员找到方法,来识别那些在与酒精相关的问题方面风险较大或已经出现问题的老年人。综述人首先求教于老年医学和酗酒研究领域的专家,请他们列出他们认为重要的若干研
【12】究。综述人查阅了这些专家推荐的研究及其参考文献。最后,他们对两个主要的医学目录数据库进行了在线检索,以确保综述包含所有相关信息。

综述显示,特别关注老年人的研究还很少,也没有从健康角度提出的测量酒精消费的有效方法。综述的一个主要发现是,有必要开展更多研究,以寻找方法探查这一日益扩大的社会亚群体的酒精滥用风险。

个案 1 和 3 使用了正规的文献综述。在个案 1 中,卫生和社会福利部计划通过文献回答其所有问题,随后会邀请顾问协助进行评估,但是邀请哪些顾问是通过研究文献确定的。在个案 3 中,进行文献综述是为了论证开展老年人酒精滥用风险识别方法研究的必要性;没有进行专家咨询。在个案 2 中,由专家选出他们认为相关的任何研究。虽然在这个例子中确实使用了文献,但是并没有讨论它们是如何被使用的以及它们的特点。研究结果综合在一起了吗?是否包含评论(如编者按和导言)?研究是覆盖了全部现有文献还是只是其中一个特定样本?不回答诸如此类的问题,我们就不能够把个案 2 称作真正的文献综述。

进行对照:实验和观察

对文献进行综述意味着找出有关这一主题已知的内容并进行解释说明。高质量的文献综述通过从有对照的实验和观察中获得的证

据来得出结论。他们更多地通过原始的研究获得信息,而不是其他人对这些研究的解释说明。通常要把各种评论和溢美之词排除在综述之外,因为它们往往是主观的和有偏向的。不过它们也不会被忽略掉。专家观点——当他们的来源可靠时——可被用来帮助解释研究结果以及回答诸如此类的问题:我应该把哪些文献纳入综述？是否已经囊括了所有重要文献？一些研究的结果为什么与其他研究的结果相矛盾？【13】

要评估研究文献,你一定要学习一些评价研究质量的基本标准。不是所有研究都一样好,综述人必须能够区分研究质量的高低。对高质量研究的综述将带来准确的信息。如果你的综述不是基于高质量的研究,那么结果将不会准确。

高质量的实验和观察研究,这是系统性综述的"黄金标准",其研究设计具备以下特征:清晰阐述的研究目的和问题,严谨的研究计划,有效的数据收集以及严格的数据分析和解释。在实验研究中,研究者主动进行干预并检查效果。在观察研究中,研究者以相对被动的角色观察事件。以下分别是实验和观察的例子。

实验研究

研究问题。在减轻孩子因目击或遭受暴力而引发的抑郁和创伤后应激障碍的症状上,一种基于学校的干预措施有多大效果？

一些目击暴力的孩子会有抑郁或者创伤后应激障碍(PTSD)的症状。训练有素的学校心理健康研究者使用有效测量抑郁症和 PTSD 的工具对两所大的学校的六年级学生进行评估。因目击暴力而产生症状的 126 名学生中,61 人被随机指派到一个标准化的治疗方案中,65 人候补。接受治疗的学生在他们参与之前和之后的 3 个月分别进行了测试。研究人员发现,与候补名单上的学生相比,经过 3 个月的干预之后,接受了治疗的学生的抑郁和 PTSD 得分显著降低。但是在 6 个月时,两组学生都参与项目后,差别消失。研究人员得出结论,项目是有效的,可以由经过训练的学校心理健康人员在校园内施行。【14】

观察研究

研究问题。谁最容易患黑色素瘤——最致命的一种皮肤癌？

为回答这个问题，研究人员开展了一项研究，将 452 名女性黑色素瘤患者与 900 名正常女性进行对比。这些妇女居住在一个美国大城市的五个县里。所有女性都接受了由熟练的访谈员按照标准化程序进行的面访。访谈员了解了这些女性的阳光暴露史、病史和人口统计学特征（如年龄）。一位来自当地大学的统计专家分析了访谈数据。研究人员发现，罹患黑色素瘤的风险，随着被晒伤程度的提高以及 12 岁前被晒伤的严重程度和/或频率的提高而增加，此外还与不经常使用防晒霜相关。

第一项研究是实验研究，因为研究人员相对主导了整个事件。在研究中，他们开展了减轻孩子抑郁和 PTSD 症状的治疗。研究人员将整个样本划分为实验组和轮候组，采用一定的程序将学生分配到各组中，并选择一定的方法记录历时性的变化，藉此评估疗法的效果。相反，在第二项研究中，研究人员不提供治疗，在确定观察组（黑色素瘤患者）上也没有施加人为的影响，而是依靠人们对其过去的阳光暴露史和防晒霜使用情况的回忆。

由于对事件进行了更多方法上的控制，实验研究通常比观察研究更可取。文献综述中应该只包含做得好的研究。评估研究设计的严谨程度是任何有效的文献综述的基本特征。只有好的研究设计才能产生好的数据资料。

系统、清晰、全面和可再现：四个关键词

研究文献综述与对在录信息的主观考察不同。当做研究综述时，
【15】你系统地考查所有数据来源，并对你的做法进行描述和理由说明。这使其他人能够重复使用你的方法客观地决定是否接受综述结果。

相比之下，主观的评述显得更具异质性。主观评述人在选择文章

时没有说明选择理由，对于好的和坏的研究可能是等量齐观的。主观评述的结果时常是基于对现有文献的有倾向性的考察，其结论可能是不准确甚或是错误的。应该把主观评述与陈述性综述区别开来。陈述更适合描述一个问题及其解决方法的历史或最新动态。

怎样才能做出一个系统、清晰、全面和可再现的综述？你需要准确判断你需要知道些什么，并确定最佳的数据来源。你也一定要评估你找到的数据的质量，并将结果综合在一起。本章讨论到哪里去寻找信息以及如何查询信息。下一章告诉你如何解释你对需要综述的研究的选择，如何从这些研究中提取信息，以及如何分析和综合结果。

选择在线目录数据库

文献综述依靠五个主要的数据来源：(a)网上公共目录或文章数据库(如，PubMed, PsycINFO)，(b)私有的目录数据库（如，Lexisblexist, CINAHL®, EMBASE℠)，(c)专门数据库(Cochrane 系统评价数据库(CDSR)，政府报告，以及法律、商业和环境等专业人士收集的信息)，(d)手工或人工查询的文章中的参考文献，和(e)专家指导。

公共和私有在线目录数据库

在线数据库是最重要的文章汇编来源之一(有些人会强调是最重要的，没有“之一”)。由于有政府的支持，科学界的努力，学校以及公私立图书馆购买了目录数据库以及其他数据来源的使用权，使得每个能上网的人都能免费获取世界上有关自然科学、社会科学、技术、艺术和医疗等方面的文献。举例来说，美国国立卫生研究院的国家医学图 【16】
书馆维护着医疗卫生领域已发表研究的最佳网站。这个网站叫作PubMed，能够上网的任何计算机都能免费访问(www.pubmed.gov)。PubMed 包含来自 MEDLINE(一个医学文章数据库)的超过一千八百万条引文，以及其他生命科学杂志自 20 世纪 50 年代起的生物学文献。虽然 PubMed 的重点是生物医学，但是，其中也收录了教育学、心理学和其他社会和政治科学领域的许多文献。

大学和其他图书馆,包括公共图书馆,通常提供数以百计的政府和非政府的、私有的目录数据库的免费接入服务。

以下是一个可用数据库的简短目录,可以让你对此有一些概念。

在线目录数据库:一个样本

Anthropology Plus。是将哈佛大学人类学文献和英国皇家人类学研究所的人类学索引综合起来形成的资源。

Arts & Humanities Citation Index。一个包含人文类杂志文献的多学科数据库。覆盖世界上主要的 1 144 种人文期刊。

BIOSIS Previews(网络版)。包含对超过 6 000 种杂志、书籍、会议出版物和技术报告中的条目的索引,涉及生命科学和生物学的所有领域。许多索引包含摘要。

ERIC。索引了从 1996 年到现在的期刊文章,以及 1966 年以来的教育研究及实践的 ERIC 文献。可以进行多域检索(如,以标题和作者
【17】 作为描述符)。

Expanded Academic ASAP。提供了选自 2 600 种学术期刊、杂志和报纸的全文文章和图像,文章最早可追溯到 1980 年。覆盖所有学科。

Inspec。包含物理学、电气工程和计算机领域里超过 4 000 种学术期刊、会议出版物、书籍、报告和论文的文章索引。

JSTOR。从创刊到大约 5 年前的核心学术期刊的全文文章。学科包括植物学、商业、生态学、科学通论、人文、数学和社会科学。

LexisNexis Academic。商业、法律和医学方面的新闻全文及其参考信息。也可查询主要报纸中最新的表演艺术和媒体业新闻。

LexisNexis Academic Universe-Business。包括详细的公司财务数据、年度和季度报告、新闻和目录。

Linguistics and Language Behavior Abstracts:*LLBA*。语言学、语言行为及相关学科的大约 2 000 种连续出版物的文章摘要,以及书籍、书籍

的章节、不定期论文和报告的摘要。

Periodicals Archive Online。索引了人文和社会科学领域从 1665 到 2000 年间的超过 500 种期刊中发表的数以百万计的文章。

Pro Quest Digital Dissertations。索引了从 1861 年到现在的博士论文,1980 以后的还提供摘要。也索引了一定数量的硕士论文,1988 以后的还提供摘要。包含博硕士论文的完整内容。

PsycINFO。心理学及相关学科 1 300 种专业杂志、会议出版物、书籍、报告和论文中的文章引文和摘要。

PubMed。这一检索系统提供 PubMed 目录信息数据库的接入服务。该数据库主要来自 MEDLINE,索引了生命科学领域(如,卫生、医药、生物学等)大约 3 900 种杂志的文章。【18】

Scientific American。涉及科学对生活和社会的冲击,包括现在的研究、趋势和历史议题。

Social Sciences Citation Index。一个覆盖社会科学杂志文献的多学科的数据库,索引了 50 个社会科学学科的 1 725 种杂志。

Sociological Abstracts。数据库包含社会学及相关社会科学学科的 2 600 多种杂志、书籍、会议论文和学位论文中的文章引文。

Web of Science。一个包括各种学科的数据库,可以通过作者和摘要检索,包含自然科学、社会科学、艺术和人文领域的杂志文章。索引了跨学科的主要杂志。

WorldCat。OCLC FirstSearch 的书籍、网络资源和全球其他资料的目录。包括书籍、杂志、手稿、地图、乐谱、录音、电影和计算机文件的引文。

在综述一个特定的研究主题时,综述人如何确定哪些在线数据库可能是相关的?有些数据库,如 PsycInfo 或 PubMed,可以从名称上判断其内容(分别是心理学和医学)。每家图书馆通常都会提供一个按学科领域(如心理学或医学)划分的数据库目录。如果你不清楚某个特定数据库的内容,可以向图书馆员咨询,或直接登录网站去了解它涉及什么样的主题和资源。如果你登录 www.csa.com (剑桥科学文摘[CSA]的网址),可以找到对一些常用数据库的说明,这些数据库涉及从农业到心理学的广阔领域。该网站本身是有所有权的,你必须付费才能充分使用其服务(虽然你的学校或单位可能订购了它),但是由CSA(也称为 PROQUEST)提供的对各个数据库的说明是免费的。不过这个目录并未包括世界上所有的数据库,而只是包括那些通过 CSA 可以接入的数据库。另外一种选择是登录一家公共图书馆的网站(例如,http://sfpl.lib.ca.us/sfplonline/dbcategories.htm,旧金山公共图书馆),并研究相关的列表。

你如何在目录数据库中做出选择?这完全取决于研究的主题和
【19】问题。举例来说,如果你对如何教授小孩子阅读的文献感兴趣,那么教育方面的文献无疑是最恰当的起点。然而,如果你对交互式阅读计划感兴趣,则计算机和信息科技数据库也是相关的。它有助于你确定你想要以及需要了解什么,从而帮助你选择有关的数据库。

你究竟要查询什么?

我们几乎可以随时在世界范围内对想到的任何题目的研究进行查询。然而,大多数文献综述的目标和时间都是有限的。为了确保获得你所需要的文献,而不是一大堆只是有些关联(有时是无关)的玩意儿,你必须准确界定你的研究需要。

系统的文献综述起于对知识或研究问题非常具体的需要。考察一下这三个相对不那么具体和具体的问题的例子:

【20】

不具体和具体的研究问题的例子

主题 1：家庭维系

不太具体

研究问题 A 哪些项目成功地将家庭维系在一起？

较为具体

研究问题 B 哪些家庭维系项目有效地预防了孩子被家外安置？

评论

研究问题 B 更具体，因为它使用*项目*（即家庭维系项目）这个词描述了自己的本意。研究问题 B 还界定了"成功地将家庭维系在一起"的含义——孩子不被家外安置。

主题 2：治疗普通感冒

不太具体

研究问题 A 人们在感冒治疗上能做什么？

较为具体

研究问题 B 抗生素能治疗普通感冒吗？

评论

问题 B 比 A 更具体，因为含糊的"做"字在 B 中被定义为服用抗生素这样一种行为。在你使用"抗生素"AND"感冒"作为关键词检索时，这样的澄清可以避免搜到那些有关抗生素与体温变化的文章（关键词概念的解释见下。）

主题 3：酒精、女性和乳腺癌

不太具体

研究问题 A 饮酒如何影响乳腺癌？

较为具体

研究问题 B 65岁及以上女性每天喝两杯及以上酒精饮料与乳腺癌之间的关系是怎样的?

评论

问题B更具体,这是因为“饮酒”被界定为“每天两杯及以上酒精饮料”,目标总体则被界定为65岁及以上的女性。

如何检索你要找的内容?
关键词、描述符、标识符以及主题词

研究问题和关键词

一个准确表述的研究问题通常包含了综述人在网上检索相关研
【21】 究时需要用到的词。这些词或检索词时常被称为**关键词**、**描述符**或**标识符**。

考虑这个问题:(上面的研究问题1B)哪些家庭维系项目有效地预防了孩子被家外安置?从这个问题中你可以看到,重要的词——也就是关键词——包括*家庭维系项目*、*孩子*和*家外安置*。

研究问题2B(见上,抗生素能治疗普通感冒吗?)的关键词是什么?

答案:*抗生素*、*普通感冒*、*治疗*

研究问题3B(见上,65岁及以上女性每天喝两杯及以上酒精饮料与乳腺癌之间的关系是怎样的?)的关键词是什么?

答案:*65岁及以上的女性*、*乳腺癌*、*酒精饮料*

不幸的是,仅仅知道关键词有时是不够的。举例来说,假设你正在综述有关家庭维系的研究,以便找出哪些项目在避免家外安置方面更为有效。

你决定为你的综述使用PsycINFO,这是一个心理学方面的在线目录数据库。你采用“家外安置”这个短语精确检索数据库，共得到 195 条结果。你发现这些文章虽然包含家外安置的信息，但并不都与家庭维系项目有关。为了缩小检索范围并减少无关研究的数量，你决定使用“家外安置”和“家庭维系”做组合检索，这样检索结果减少到 31 条。然而，进一步分析，你发现这 31 条结果并不都包含有关效果的信息。你必须从评估研究中才能获取有关效果的信息。为此你增加评估这个词以进一步缩小检索范围，这一次结果只有 7 条。这是一个适于综述的文章数量。

结果总是越少越好吗？不一定。如果你的检索非常狭窄，可能错过一些重要的想法。再看一个例子，假如你对综述有关普通感冒的医学知识感兴趣。2008 年 7 月 11 日，如果你在 PubMed 的搜索框中键入“普通感冒”这个词，会得到 6 436 个引文！然而，如果你用“抗生素”AND“普通感冒”搜索，会得到 362 个引文。如果你将检索进一步 【22】
精炼为“治疗”AND“普通感冒”，会得到 53 个引文。（你可以试试现在都能够检索到多少结果，这很有趣。文章发表的速度在加快，特别是现在可以在印刷之前在线发表这些文章。）数字上减少的主要原因是抗生素治不了感冒，因此，这个词不一定出现在 362 篇真正解决感冒及治疗问题的文献的引文中。这个例子的启示是，为了从文献中得到你需要的信息，你必须在非常具体的研究问题和合理的限制或约束之间做出权衡。

在具体性和限制之间取得平衡方式之一，是将你准备使用的检索词与你信赖的文章作者使用的检索词进行比较。你是否使用了与他们一样的所有检索词？所有的网上引文都包含检索词。图 1.2 给出了一个例子，这是在检索 PsycINFO 后获得的一篇关于家庭维系的文章的（经过修改后的）引文。引文包括标识符和描述符。描述符是被 PsycINFO 作为其文献索引系统或主题词表的一部分而使用的一些词。

找到哪怕一篇重要的参考文献的引文，就能对你的检索产生很大的帮助。你可以使用与这篇文献相同的描述符和标识符。如果你点击其中任何一个描述符，就会转到涉及相关主题的文章，而这些文章能提供更多的关键词或描述符。

作为一个信息源的主题词表:何时才是真的够用了?

检索词的一个主要来源是数据库用于索引文章的主题词表或字典。在 PsycINFO 中,索引系统是通过描述符构造的。在 PubMed 中,它被定义为医学主题词表(Medical Subjects Headings),或 *MeSH*,数据库。

主题词表是一个受控的词汇表,当不同领域中对相同的概念使用了不同的术语时,它为提取信息提供了一种统一的方法。举例来说,在有关酒精的研究中,研究者可能对酗酒使用诸如酒精中毒、饮酒问题、酒精滥用、药物滥用等词汇。每个数据库的管理者都会把文章归
【23】类到系统所要求的分类中去,而不管研究者的偏好是什么。

举例来说,假想你对酒精滥用感兴趣,但你希望确保找出所有有关滥用的文章,而不论研究者是如何称呼它。再假设最开始你检索的是社会学文摘数据库。类似大多数数据库,社会学文摘的主页面会询问你是否希望检索主题词表。如果你打算这么做,键入"酒精"一词,系统将会给出一组最接近的词语——在这个例子中为"酗酒"。如果你点击酗酒,则会得到一个进一步的词汇表(图 1.3)。图 1.3 列出的每个词都是可以检索的。

切记!主题词表依数据库的不同而不同,因而要分别尝试。

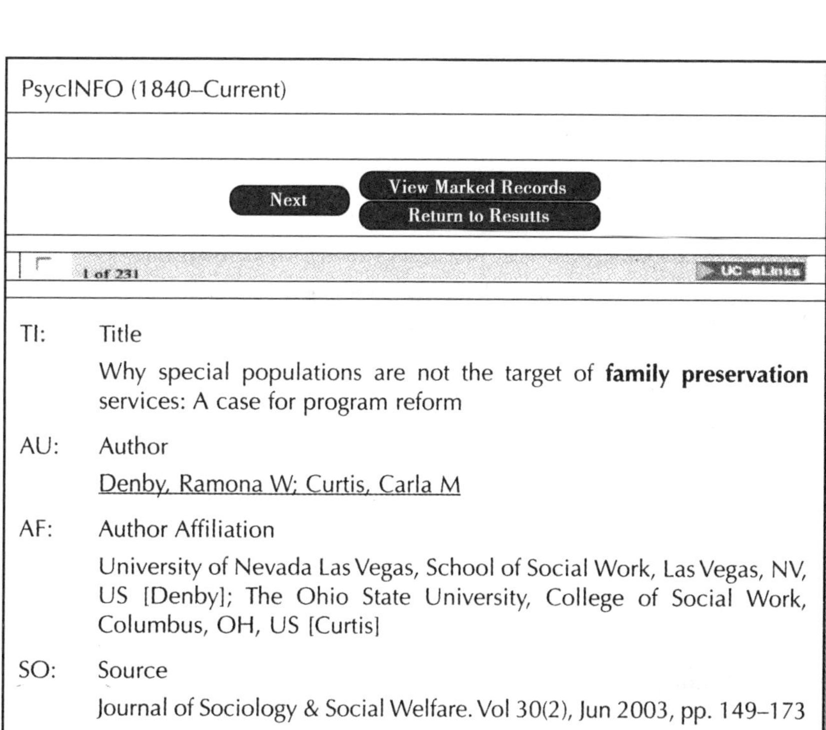

PsycINFO (1840–Current)

Next | View Marked Records | Return to Results

1 of 231 UC-eLinks

TI: Title

Why special populations are not the target of **family preservation** services: A case for program reform

AU: Author

Denby, Ramona W; Curtis, Carla M

AF: Author Affiliation

University of Nevada Las Vegas, School of Social Work, Las Vegas, NV, US [Denby]; The Ohio State University, College of Social Work, Columbus, OH, US [Curtis]

SO: Source

Journal of Sociology & Social Welfare. Vol 30(2), Jun 2003, pp. 149–173

PB: Publisher

US: Western Michigan Univ, http://www.wmich.edu/hhs/Newslettersjournals

AB: Abstract

The number of children who have been placed outside their homes of origin as a result of abuse, neglect, delinquency, emotional problems, or developmental disabilities, is astronomical and steadily increasing. Of this number, "special populations" like children of color continue to be disproportionately represented. Intensive **family preservation**, a program that attempts to reduce out-of-home placement rates, has not demonstrated empirically, a sustained record of success in the reduction of placement rates among special populations. The purpose of the current study was to understand the manner in which special populations are targeted for services by examining the attitudes, beliefs, and behaviors of a national sample of **family preservation** workers. Results indicate a significant bias against targeting **family preservation** services to special populations in general, and children of color in particular. Specific recommendations about the targeting of special populations are given. (PsycINFO Database Record (c) 2003 APA, all rights reserved) (journal abstract)

【24】

LA:	Language English
PY:	Publication Year 2003
PT:	Publication Type Peer Reviewed Journal; Empirical Study; Journal Article
PO:	Population Human; Male; Female; Adulthood (18 yrs & older); Young Adulthood (18–29 yrs); Thirties (30-39 yrs); Middle Age (40–64 yrs)
LO:	Location US
DE:	Descriptors *Attitudes; *Child Welfare; *Community Welfare Services; *Protective Services; **Family**; Foster Care
ID:	Identifiers **family preservation** services; special populations
CL:	Classification 3373 Community & Social Services
NR:	Number of References 67 reference(s) present, 67 reference(s) displayed *(omitted from this table)*

图 1.2 来自 PsycINFO 的一篇关于家庭维系文章的经过改编后的记录

来源:这一条记录改编自 PsycINFO 的检索结果,得到美国心理学协会的许可后使用,发表于 PsycINFO 数据库 © 2004, 版权所有。

图像发表获得 ProQuest LLC 的许可。© 2007, ProQuest LLC; 版权所有。没有许可不得再
【25】复制。

关键词抑或主题词：鸡还是蛋？

一个综合性的搜索策略或许需要结合关键词和主题词。如果你感兴趣的研究问题和变量是确定的，关键词检索到的文章范围通常较窄。

以官方的主题词检索到的文章范围通常较宽，但是如果你希望你的综述是综合性的，那么搜索范围的宽度就很重要。在医学等领域，有证据表明使用主题词检索可以比使用关键词检索得到更多的引文。举例来说，如果综述人使用"高血脂"一词搜索 PubMed，而如果某位作者使用的是较窄的"高胆固醇血症"一词，那么就会有一些相关引文被遗漏，因为只有那些标题或者摘要中包含"高血脂"一词的结果才会被取回。使用恰当的主题词将会使综述人找到所有引文，而不管作者使用的是什么词。

更多检索词：作者、标题、标题词、杂志，等等——限制检索

你可以通过具体的作者、文章标题、你希望出现在标题里的文字（也许你忘记了准确的标题）以及杂志来搜索相关的研究。有时这是寻找关键词和主题词的一个有用的方法。举例来说，假设你想要了解有关预防虐待儿童的项目。查找一下本领域的任何一位重要研究者的某篇文章中使用的主题词或关键词，将会使你能够以被普遍接受的词汇进行检索。

检索具体的细节——作者、标题——也可以限制或者缩小你的检索范围。如果你正在做的不是一个无所不包的综述，这一点可能尤其有用。缩窄检索范围的其他方法包括出版类型*（如临床实验，随机试验）、年龄组（如婴儿、青少年、成人）、语言、出版日期，以及研究对象是男性还是女性。【26】

大多数目录数据库都会提供常用词的菜单以方便你的工作。举例来说，假设你对酒精对乳腺癌的作用感兴趣，因而希望综述 65 岁及以上饮酒女性的文献。PubMed 可以通过提供给你关于研究设计的类型、语言、年龄或性别的选项来"缩小"你的检索。图 1.4 显示了这种

---

* 原文似乎有误，应为研究类型。——译者注

- Alcohol Abuse(D022700)
  Overuse or misuse of alcoholic beverages. Do not confuse with Alcoholism.
  Added, 1989.

Broader Terms

- Substance Abuse(D840600) [+]
  Formerly (1984—1985) DC 450616.

Related Terms

- Addiction(D007350) [+]
  Added, 1999. Formerly (1963—1985) DC 013500, Addict/Addicts/Addicted/Addictive/Addiction.
- Alcoholism(D023400)
  Formerly (1963—1985) DC 027000, Alcoholic/Alcoholics/Alcoholism.
- Comorbidity(D157400)
  Coexistence of two or more diagnosable conditions.
  Added, 2003.
- Drinking Behavior(D231000)
  Use limited to drinking alcoholic beverages.
  Added, 1986.
- Drug Abuse(D231600) [+]
  Formerly (1982—1985) DC 140497, Drug Abuse/Drug Abuser/Drug Abusers.
- Drunkenness(D233400)
  Formerly (1967—1985) DC 141050.
- Relapse(D703100)
  Persistence of Addiction or Substance Abuse, or recurrence of Mental Illness or other Behavior Problems, especially following Treatment or Rehabilitation. For repetition of criminal or delinquent behavior, see Recidivism. Reinstated, 1999. Formerly (1986–1998) see D696000 Recidivism; (1964—1985) DC 382470.

Previous Term: Alcohol

Next Term: Alcohol Dependency

Find:

Alcohol Abuse　Display

Thesaurus　Rotated Index　Alphabetical

图 1.3　社会学文摘的主题词表

注释:这一主题词表的全称是社会学索引词主题词表(Thesaurus of Sociological Indexing Terms)。它被作为社会学摘要和社会服务摘要的索引依据使用。根据印刷版、电子版以及研究者可能使用的检索平台的不同,其形式和功能也有所不同。这里使用的是剑桥科学文
【27】 摘网络数据库服务平台的主题词表版本。

检索在 PubMed 中的形式，图 1.5 显示的是同一检索（略去了搜索结果）在另外的一个数据库（PsycINFO）的显示结果。注意在对酒精的检索后面有一个“ * ”号。这个符号表明程序会检索以“alcohol”打头的酒精、酒精中毒和酗酒者等词。

如何查询信息？运用布尔运算符检索

文献综述检索经常采用“和”，“或”，“非”这三个词来把关键词和其他词组合在一起。这三个词被称作**布尔**运算符。

看三个布尔逻辑运用的例子。

布尔逻辑的 3 个例子

例子 1：和（AND）

“感冒”AND“抗生素”：使用 AND 取回的每一条引文都包含所有的检索词。词出现的顺序是任意的——“抗生素”可以出现在“感冒”之前。

例子 2：或（OR）

“锌”OR“维生素 C”：使用 OR 取回包含指定词语之一的引文。

例子 3：非（NOT）

“抗生素”NOT“孩子”：使用 NOT 将该词排除在你的检索之外。 【28】

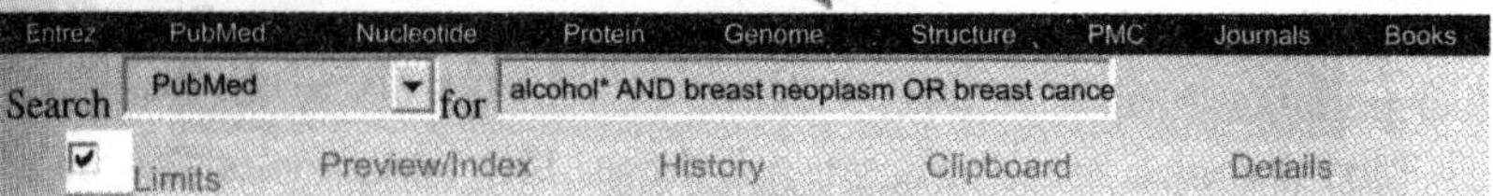

Limits: **Aged: 65+ years, Publication Date from 2000 to 2005, only items with abstracts, English, Clinical Trial, Female, Human, MEDLINE**

Summary Show: 5 Pub Date Text

Items 1-5 of 935 1 of 187 Next

Entrez PubMed

PubMed Services

Related Resources

1: Hack TF, Pickles T, Bultz BD, Ruether JD, Weir LM, Degner LF, Mackey JR. Related Articles, Links

Impact of providing audiotapes of primary adjuvant treatment consultations to women with breast cancer: a multisite, randomized, controlled trial.

J Clin Oncol. 2003 Nov 15;21(22):4138-44.

PMID: 14615442 [PubMed - indexed for MEDLINE]

2: Moore DH, Donnelly J, McGuire WP, Almadrones L, Cella DF, Herzog TJ, Waggoner SE; Gynecologic Oncology Group. Related Articles, Links

Limited access trial using amifostine for protection against cisplatin- and three-hour paclitaxel-induced neurotoxicity: a phase II study of the Gynecologic Oncology Group.

J Clin Oncol. 2003 Nov 15;21(22):4207-13.

PMID: 14615449 [PubMed - indexed for MEDLINE]

3: Goss PE, Ingle JN, Martino S, Robert NJ, Muss HB, Piccart MJ, Castiglione M, Tu D, Shepherd LE, Pritchard KI, Livingston RB, Davidson NE, Norton L, Perez EA, Abrams JS, Therasse P, Palmer MJ, Pater JL. Related Articles, Links

A randomized trial of letrozole in postmenopausal women after five years of tamoxifen therapy for early-stage breast cancer.

N Engl J Med. 2003 Nov 6;349(19):1793-802. Epub 2003 Oct 09.

PMID: 14551341 [PubMed - indexed for MEDLINE]

4: Yoshimoto M, Tada K, Tokudome N, Kutomi G, Tanabe M, Goto T, Nishimura S, Makita M, Kasumi F. Related Articles, Links

The potential for oral combination chemotherapy of 5'-deoxy-5-fluorouridine, a 5-FU prodrug, and cyclophosphamide for metastatic breast cancer.

Br J Cancer. 2003 Nov 3;89(9):1627-32.

PMID: 14583760 [PubMed - indexed for MEDLINE]

【29】 **5:** Sharma RA, Decatris MP, Santhanam S, Roy R, Osman AE, Clarke CB, Khanna S, O'Byrne KJ. Related Articles, Links

Reversibility of liver failure secondary to metastatic breast cancer by vinorelbine and cisplatin chemotherapy.
Cancer Chemother Pharmacol. 2003 Nov;52(5):367-70. Epub 2003 Jul 18.
PMID: 12879281 [PubMed - indexed for MEDLINE]

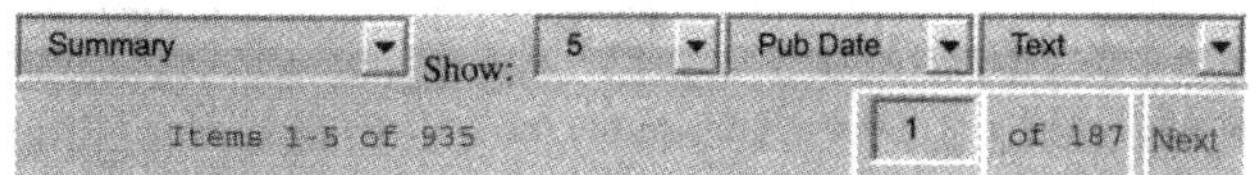

Write to the Help Desk
NCBI | NLM | NIH
Department of Health & Human Services
Freedom of Information Act | Disclaimer

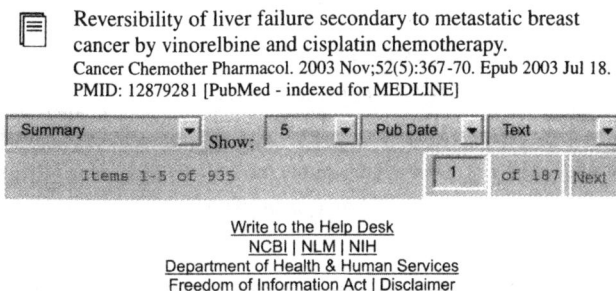

图 1.4 有关酒精、老年人和乳腺癌研究的限制检索策略：PubMed

Searching:

PsycINFO (1840-Current)

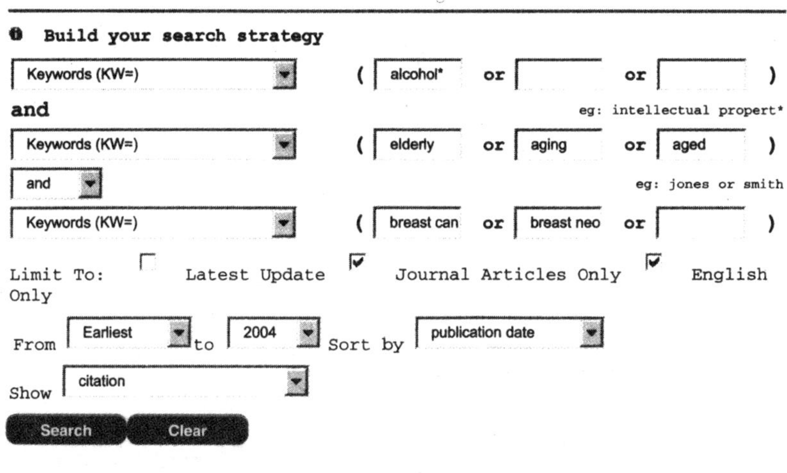

Search Clear

图 1.5 有关酒精、老年人和乳腺癌研究的限制检索策略：PsycINFO

 【30】

使用 NOT 的时候要小心，因为你可能无意中遗漏重要的结果。在例 3 中，关于孩子和抗生素的文章被去掉，但是如此一来，那些讨论包括孩子在内的所有年龄组与抗生素关系的研究也将被去掉。

除了 AND，OR，NOT 之外，还可以使用括弧把单个概念括在里面，括弧内的词将被作为一个整体对待。图 1.6 展示了一种称作嵌套（nesting）的高效检索方法。计算机将会检索“感冒”AND“锌”或者“感冒”AND“维生素 C”的所有文章。如果一篇文章中同时研究了维生素

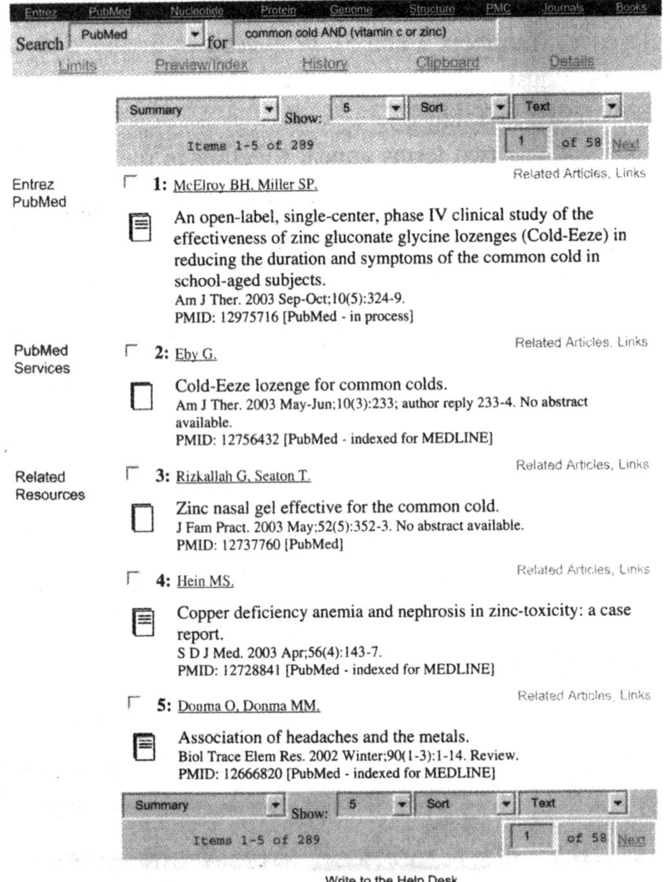

【31】 图 1.6 嵌套与检索

来源：ISI Web of Knowledge，版权 2008，路透 · 汤姆逊。

C 和锌，计算机能够找到它，但是计算机的搜索将不会局限于感冒和维生素 C 以及锌。

不是所有目录数据库都要求大写的 AND，OR，NOT。应查阅“高级检索”功能加以确定。每个搜索引擎都有自己的特点。举例来说，Web of Science 使用大写字母，且在它的高级检索中除 AND，OR，NOT 外还加进了 SAME。使用 SAME 可以找出你希望所有的词都出现在同一个句子中的文章。句子可以是文章的标题、摘要中的一个句子或一个地址。举例来说，“启蒙（headstart）SAME 项目（program）”的结果如图 1.7 所示。

如你所见，启蒙和项目出现在三条文献中的两条里（序号 1 和 3）。为什么 2 号文献也出现在结果中？要回答这一问题，点击标题，你将会见到类似于图 1.8 所示的摘要。

在图 1.8 中，这两个词同时出现在摘要（文章概要）而不是标题中。

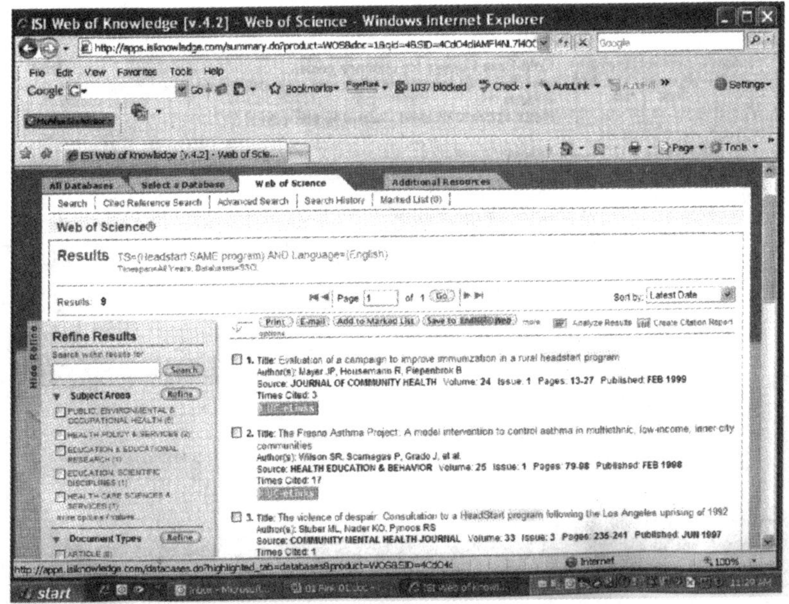

图 1.7 在 Web of Science 中使用“SAME”

来源：ISI Web of Knowledge，版权 2008，路透·汤姆逊。 【32】

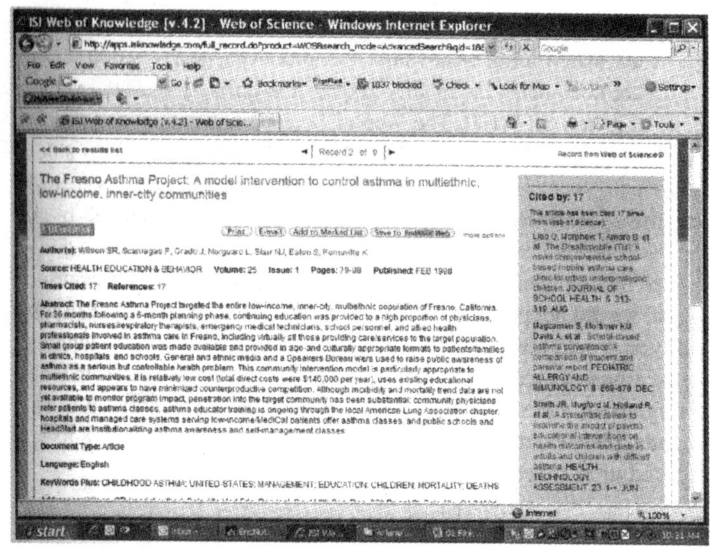

图 1.8 Web of Science 数据库中的一项研究摘要

来源:ISI Web of Knowledge,版权 2008,路透 · 汤姆逊。

通过点击标题,还可以获取其他信息,比如这篇文章被其他人引用的次数(表征在本领域重要性的一个指标),以及你可以用来检索更多文章的其他关键词。(UCLinks 框里是加州大学为全体教职员工提供的链接。)

注意在图 1.7 的例子中,左侧是为综述人提供的精炼检索的选项。例如你可能决定只关注作为教育研究(而不是比如说健康研究)主题的启蒙计划(此时启蒙的拼写是 Head Start,而非连贯的 headstart)。如果是这样的话,你可以勾选教育和教育研究前的选择框,不勾选健康相关前的选择框。

使用 Web of Science:一个案例研究

许多数据库既可以使用也可以不使用布尔操作符,Web of Science
【33】 便是其中之一。举例来说,假设你对学习领导方法感兴趣:如何成为

一个好的领导者？哪些杂志的主题是关于领导方法的？如果你在 Web of Science 的“搜索”框内键入“领导方法(leadership)”，看到的将类似于图 1.9。

你的检索词，“领导方法”，可以检索到接近 9 000 篇文章和其他文献(至 2008 年 7 月止)。你不可能想要或者需要综述所有这 9 000 篇文献。Web of Science 已经预见到这一点，并为“精简”检索提供了帮助。举例来说，在屏幕的左侧，可以对主题领域做出选择。如果你勾选譬如管理、商业和政治科学等领域，文章数量将减少至 175 加 69 加 22，也就是 266 篇。通过进一步的精简，这一数字还可减少。因为篇幅的原因，我们没有印上屏幕的整个左侧。但是如果印上的话，你 【34】
就会看到还有文章的语言、类型(如综述、编者按)、研究单位等选项。举例来说，如果你将检索精简到只包括综述文章，则检索结果将由最初的 8 888 减少到 231(见图 1.10)。

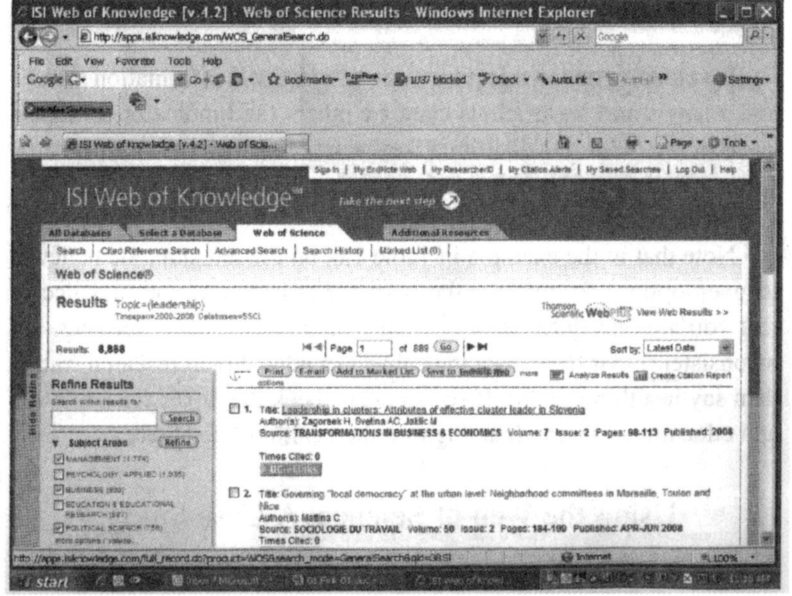

图 1.9 Web of Science：检索关于领导方法的文章

来源：ISI Web of Knowledge，版权 2008，路透·汤姆逊。

好消息是包括 Web of Science 和 PubMed 在内的大多数数据库都为使用者提供了良好的指导。

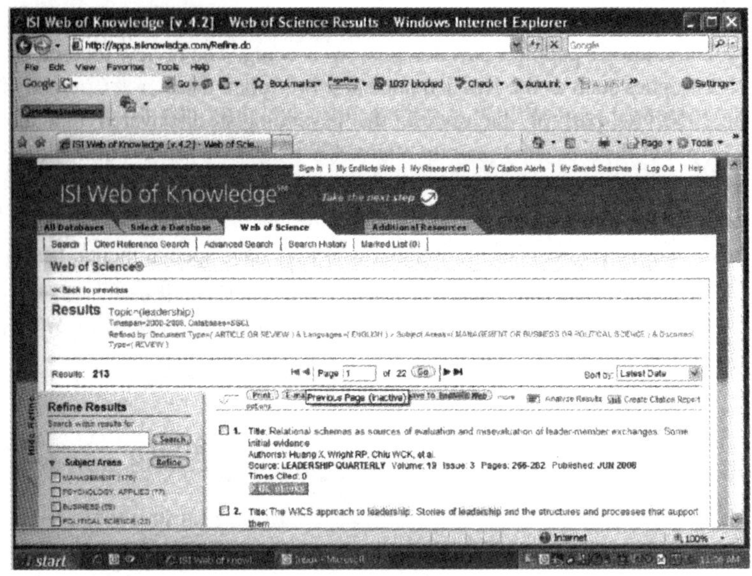

图 1.10 通过主题领域、语言和文章类型来缩减 Web of Science 的检索结果

来源:ISI Web of Knowledge,版权 2008, 路透 · 汤姆逊。

在检索期间暂停

当检索不再那么有成效时,审视你收集的文献。从质量和广泛性角度检查整个文献列表。求助于对这个题目感兴趣或在这个领域开展研究的人。提问:所有重要的研究者或作者都包括在列表中了吗?是否遗漏了某些重要研究?

改变检索路径

你可以通过考虑新的关键词、主题标目、作者等来改变搜索路径。路径的改变可以扩展你的综述范围。试考虑下例。【35】

变更文献综述检索路径：扩大范围

例子。一位心理学家综述了有关放射线辐射如何影响人们的心理健康的文献。综述重点是如1990年俄国切尔诺贝利核电站事故那样的大灾难。作为综述的一部分，这位心理学家发现，切尔诺贝利事故后来影响了超过一百万移民到美国和以色列的人。这位心理学家扩充了综述范围，以研究政策制定者考虑大量因遭遇灾难而产生各种特殊精神健康问题的移民需求的必要性。这一主题对于世界范围内大量亲身经受或见证过战争和其他灾难的移民而言尤其相关。

补充在线检索

下面的论断是正确的还是错误的？

一位有经验的文献综述者只需借助互联网就能完成一项综合性文献综述。

答案错误。有经验的文献综述人必须知道如何选定数据库，使用正确的语言和语法确定关键词、主题、标题，进而找出相关的研究。然而，检索程序既不统一也不完美，数据库和研究者难以使用统一的检索词（对于新主题而言尤其如此），即使最精通此道的综述人无论多么仔细仍然可能遗漏一个或多个研究。此外，综述人可能实际上只能使用很少的数据库。另外，一些研究可能尚在进展中而未准备好发表。最后，某些可能重要的研究也许永远不能发表。

下面总结了以其他数据来源补充计算机文献检索的主要理由。

补充电子检索的理由

【36】
- 主题新颖,其相关概念还未纳入正式的主题标目。
- 检索词的使用不一致,因为在这个领域中的定义是不统一的。
- 有理由相信许多重要的研究尚在进展之中,或者虽已完成但尚未发表。

当网上信息不充分时可以去哪里寻找?考虑下列的补充来源。

当在线搜索不充分时应该怎么做

- 查阅高水平研究的参考文献目录。
- 咨询同事和其他专家。
- 查阅主要的政府、大学和基金会网站。

查阅高水平研究的参考文献

不管你相信不相信,在经过很长时间的检索之后,你可能仍然无法找出有关某个主题已知的一切。如果你只依赖一两个数据库尤其容易出现这种情况。举例来说,如果你对老年女性饮酒和乳腺癌之间的关系感兴趣,并主要靠 PubMed 获取信息,那么你将会得到很多临床方面的信息,但是可能找不到多少有关饮酒和乳腺癌的心理社会因素方面的已有研究。不过,如果你依赖一个像 PsycINFO 这样主要研究心理社会变量的数据库,又得不到有关医疗或保健的信息。即使你两个数据库都使用,可能仍然无法找到某些医疗和心理社会方面的文章。虽然还不清楚为什么会这样,但是这种情况确实可能发生。

避免遗漏重要研究的一个方法是查阅高水平文章中的参考文献。为此你无需获取这篇文章,因为一些数据库(像 PsycINFO 和 Sociological Abstracts)在引文中提供可供检索的参考文献目录(如果你在查询时加以设定的话)。

听一听发生在一个受挫的综述人和一个更富经验的同事之间的对话，这能帮你感受文章中的参考文献是如何为文献综述提供帮助的。【37】

检索参考文献：在一个有经验的和一个受挫的综述人之间的对话

ER*：我一直在看你的参考文献目录，发现你遗漏了 Monashe 的关于教导年轻人如何更好消费的实验。

FR**：我检索了 10 个数据库，还特别检索了 Monashe。怎么还会遗漏那个研究呢？

ER：非常简单。Monashe 还没有公开发表这个成果。

FR：如果 Monashe 还没有发表，我怎么才能找到它呢？

ER：假如你看过我关于教育和青少年研究的参考文献，就能找到它。我知道 Monashe 正在开展这项研究，请她给我介绍过相关情况。她正在撰写这篇论文，但可以先给我一个研究报告。她写这个报告是赞助研究的政府的合同要求的。政府要求允许其他研究者以低廉的价格获取这篇报告。你可以从下面的网址下载这篇研究报告：www.nixx.cdd.gov.（虚拟的网址）

FR：我还没有研究过那些参考文献，真不知道还遗漏了多少其他的研究。

ER：我想也是。

什么都值得发表吗？

未发表的文献有两种基本的形式。第一种形式包括那些已经撰写完成，可以比较容易地从政府机构或者基金会获得印刷或在线版本的文档（例如资助机构所要求的最终报告）。前述对话中谈及的 Monashe 的研究报告就是一个例子。但是有一些研究则完全没有公开发表。【38】

---

* ER（Experienced Reviewer）表示有经验的综述人。——译者注

** FR（Frustrated Reviewer）表示受挫的综述人。——译者注

虽然某些未发表的研究有很大可能是质量低劣的,或者是懒惰的研究人员的成果,但也并不总是这样。这些研究之所以没有公开发表,也可能是因为其结论是不显著的甚至是否定性的,而杂志更喜欢发表那些肯定性的和有趣的发现。

关于否定性结果的研究难以发表的问题已经有了很多讨论。令人担心的是,只有那些令人兴奋的研究(例如找到了一种起作用的治疗手段)得到公开发表,那些得出否定性或相反结论的不太讨人喜欢的研究未能发表,如此一来难免得出不正确的结论。也就是说,如果对于阅读计划 A 有一项肯定性的研究和两项否定性的研究,但是我们只知道那项肯定性研究,因而计划 A 看上去会比其实际上显得更有效。这种偏爱发表肯定性结论的现象被称作发表偏倚(publication bias)。

估计发表偏倚程度的一般原则是,如果综述找到的现有数据来自高水平的研究且方向相当一致,那么一定也存在大量推翻该结果的相反的发现。

引入专家

专家是对文献检索所涉及的主题具有丰富知识的人。你可以通过查阅文献找出那些在相关主题上著述丰硕或常被引用的专家。你也可以请一组专家提名其他专家。专家能帮助你找到未发表的研究和正在进行中的项目。

他们也能帮助你解释和扩展综述的发现。他们能够回答诸如此类的问题:我的文献综述的发现适用于所有人还是只适用于特定人群?我对论据的证明力有多大把握?研究发现具有什么样的实际或临床意义?

以下两个文献综述的摘要说明了如何使用专家。第一个综述是关于对孕妇抑郁进行治疗的风险。在该综述中,召集了专家讨论综述人搜集到的参考文献。在第二个综述中,要求专家提供有关老年妇女
【39】尿道发炎最佳治疗方法的文章和书籍。然后再通过在线检索补充他们的推荐。

专家指导：如何加以利用

文献综述 1：孕期抑郁的药物治疗[1]

背景

育龄妇女的抑郁是常见的。即便如此，有助于病人和医师选择怀孕期间治疗方法的信息并不多。

目的

这项研究的目标是识别治疗怀孕期间主要类型抑郁的风险因素。这方面的信息有助于医生制订治疗计划。

数据来源

研究人员以“孕期抗抑郁药”和“孕期抑郁症”为检索词，时限为1989年至1999年，检索了MEDLINE和HealthSTAR两个数据库。他们还手工检索了综述文章中的参考文献，并与调查者进行了讨论。进行综述的研究还必须以英语撰写，且属于前瞻性对照试验。

文献综述 2：治疗尿道发炎的抗生素[2]

背景

尿道发炎在老年病人中是常见的。一些不系统的文献综述的作者经常对老年病人推荐比年轻妇女更长的治疗周期（7～14天），但是本综述的研究者则认为此种推荐的科学证据并不清楚。 【40】

目的

研究者打算确定老年妇女单一症状下尿道发炎抗生素治疗的最佳周期。

数据来源

研究者依靠MEDLINE、EMBASE、CINAHL、HealthSTAR、POPLINE、Gerolit、BioethicsLine、柯克蓝图书馆（The Cochrane Library）、国际论文摘要（Dissertation Abstracts International）和科技出版物索引（Index To Scientific & Technical Proceedings）。他们也联系了已知的研究者和销售治疗尿道发炎的抗生素的制药公司。研究人员筛选了找到的文章、综述和书籍的参考文献目录。

慎重使用网络

互联网上充斥着全世界任何话题的大量信息。然而,作为一种可靠的、基于实验的信息来源,它是好坏掺半的。它最大的好处是,任何人只要知道方法就能得到世界上的各种文献。但是即使是富有经验的综述人也会发现,他们面对着大量质量可疑的信息,并且对网站的质量控制几乎是无能为力的。

设在日内瓦的 HON(Health on the Net Foundation)提供了一套非强制性的关于健康类网站的伦理标准,它可以帮助使用者辨别网上信息的真实性。但是也有一些人认为这套标准并非总是寻找可靠的网上健康信息的最好方式。

HON 准则制定于 1995 年(www.hon.ch),是历史最长和应用最广泛的互联网信息准则,涉及 67 个国家的 3 500 个网站。HON 网站也提供一个搜索医疗信息的搜索引擎,该引擎的结果只来自 HON 认证的网站。这些认证网站符合一组八项原则;这些网站被允许使用 HON 准则标志。标准要求信息提供者必须明示潜在的利害冲突,列
【41】出传播医疗信息的资格证书,以及其信息来源的参考文献。

HON 的管理者说他们在辅助和替代医学(Complementary and alternative medicine,CAM)网站上的信息跟踪方面存在一些问题,其中一些网站使用了 HON 准则标志,但是实际上并没有经过认证。

以 Healthfinder.gov 网站为例,该网站是一个由美国政府赞助的健康信息交流中心,采用了 HON 准则,链接了超过 1 700 个网站,这些网站中的大部分是符合 HON 准则的。这个网站链接了政府网站、联邦资助的研究中心和持照保健医生全国专业协会。

不幸的是,尽管存在这些缺点,HON 准则却是唯一的此类准则。在使用互联网方面还要记住的一点是,除非你知道能够得到你所需信息的具体网址(举例来说, http://findlit.com.nih.xxx.edu),否则你就得做好准备花费时间去进行搜索。如果你仅仅满足于搜索引擎结果的第一页,可能会错过真正需要的信息。即使你的搜索是准确的,在你确定去哪里找到所需信息之前,也不得不筛选数百个页面。更糟糕的

是，即使你找到一个好网站，也很难把它保存下来以供未来综述所用。因为网站是不稳定的，常常不打招呼就不见了。许多网站就这么彻底销声匿迹了。

因此互联网不是综合性文献综述的有效信息来源。它的使用极其耗时，因为所有的网站和文档都必须小心地加以评估。

如果你仍然决定通过网络搜索获取文献，必须确保以下问题**全部都**有满意的答案。

可信任网站的标准

- 谁在支持或者赞助该网站？赞助者是否能从研究结果中获得任何金钱利益？
- 网站最后更新是什么时间？研究发现仍然有用吗？
- 作者/研究者在开展这项研究以及解释研究发现方面的权威性在哪里？
- 研究者是否提供了充分的信息使你可以评估他们的资历？
- 研究者有可能从研究结果中获益吗？ 【42】
- 研究者是否在好杂志上发表过经过同行评议的成果？
- 研究是实验研究或者高质量的观察研究吗？
- 研究者是否描述了自己做了什么研究、如何做以及研究发现中可能存在的缺陷或偏倚？

你应该能够无需离开该网站就能获得上述每一个问题的答案。如果你在使用该网站或者找出回答上述问题的信息方面有任何疑问，就要把你的怀疑指数提到最高程度，并且离开这个网站去另寻其他更好的网站。

组织研究文献:构建虚拟文件柜

文章和摘要可以保存在多个地方。你可以把它们打印出来并放在一个文件柜里。事实上大多数综述完成后,都留下大量纸质文章需要处理。

另外一个存储方法是,在文字处理程序(Word-processing programs)、电子表、数据库管理程序(诸如 Access)和统计程序中,手工输入题目、作者等信息,创建一个参考文献目录。然而,手工输入是烦琐的,并且容易产生打字错误。而且除非参考文献目录很短,否则花费时间手工输入每篇文章诸如关键词或描述符、摘要和作者单位之类的相关信息是代价高昂的。

幸运的是,你不一定非要手工输入参考文献,或者把它们存放在钢制或木制的文件柜中。有一些软件可以让你把搜索结果存储在一个虚拟文件柜里,通过这些程序可以从数以百计的在线数据库下载参考文献(包括摘要和网址)。举例来说,假想在此类软件中查询 PubMed。你将会自动连接到那个数据库,并且会要求你选择以标题或作者或关键词等进行检索。当你提交这些信息后,计算机将会产生
【43】 一个参考文献列表。点击你感兴趣的某条参考文献,完整的引用就会插入你在计算机上创建的文件库中。引用包括摘要和网址,或者能够取得完整文章的其他链接(如果你有使用权并且联网的话)。

你也可以把参考文献手工输入库中,并从杂志中直接下载参考文献。假如你在查询 AIDSLINE 时找到了一篇有趣的文章,点击如"下载到文献管理软件"之类的链接,就可以把文献下载到你在计算机上创建的虚拟文件柜中。

文献管理软件是很有效的,它们的很多特性超出虚拟文件柜的范围。它们为你提供保存检索策略的方法(以便你今后能继续你的检索,以及供其他人使用),还可以从库中直接把参考文献插入报告或学术论文中,以及根据主题内容分析参考文献。

使用文献管理程序的一个重要理由是能够确保准确性和可复制性。你能很容易地更新库,并通过电子邮件发送或发布在网络上。

要点小结

- 研究文献综述是一种系统、详尽和可再现的方法，这种方法用于寻找、评估和综合研究者、学者和从业者已完成的原始工作。
- 开展文献综述的理由包括：
  撰写资助申请书
  撰写学位论文
  描述和解释现有知识以指导专业实践
  寻找有效的研究和开发方法
  寻找能够帮助解释现有文献的专家以及寻找未发表的信息源
  寻找资金来源和正在开展的工作
  满足个人的好奇心
- 高质量的文献综述基于实验或从有对照的观察中获得的证据得出结论。【44】
- 高质量文献综述是系统、清晰、综合和可再现的。
- 在线检索通常是最有效率的起点。为了有效利用它们，你必须有具体的问题、关键词、标识符和/或描述符；学会使用布尔逻辑；随时准备接受指导。
- 综合性的文献综述要求通过以下方式弥补电子检索的不足：查阅检索到的文章的参考文献，手工检索参考文献及杂志，向专家了解未发表和已发表的研究及报告。
- 不要轻易把网络作为可信研究的来源，除非你确信网站是稳定且无偏的。
- 文献管理软件为你提供了建立虚拟文件柜的方法，它们有助于保证准确性和可复制性。你可以很容易地更新一个文件库，并通过电子邮件发送给对相同题目感兴趣的其他人。

练　习

1.有人要求你为恐高症患者设计一个教育和咨询项目。你的研究问题是:成年和老年恐高者的影响因素和治疗方法有哪些?在开始项目之前,你决定做一个文献综述以确保所提出的项目内容是最新的。你决定对 PubMed 和 PsycINFO(或相似的数据库)进行检索。列出至少 10 个其他关键词、主题或主题词,以找出关于恐高症患者的影响因素和治疗方法的当前研究结果。

2.你正在撰写一份报告,拟研究中老年妇女感冒预防。利用一个医学或者健康方面的数据库进行检索。你准备只综述过去 10 年内以
【45】英语发表的临床研究,并且你希望得到文章的摘要。你准备使用哪些检索词?产生了多少引文?

3.以下是从 PubMed 和 PsycINFO 数据库检索出来的有关感冒预防和传染研究的示例性摘要。你决定首先综述摘要,然后在摘要的基础上,只综述那些有前景的研究。选择可能适合你综述的摘要并且说明理由。

感冒的预防和控制:选中的摘要

摘要 1

作者:Smith AP

标题:呼吸道病毒感染及其表现

来源:Broadbent DE, Reason JT, Baddeley AD, eds. *Human Factors in Hazardous Situations*. Oxford, UK: Clarendon/Oxford University Press; 1990.71-80 of vii, 147 pp.

在本章中,作者认为像感冒和流感这类小病是经常和普遍的,也是旷工和旷课的一个主要原因。因此,很重要的一点是确定这些病毒感染是否改变了人们执行某些任务的效能。为此,作者综述了来自医学研究中心感冒小组的研究,发现感冒和流感对人们的表现有不同的影响。事实上,作者综述的研究显示,甚至是无症状感染也会对表现

造成不良影响。在疾病的潜伏期会对表现造成不良影响，在临床症状消失后仍然能够观察到对表现的不良影响。作者得出结论，这些研究发现对于职业安全和效能具有重要意义。

摘要 2
作者：Hemila H
地址：芬兰赫尔辛基大学公共卫生系
标题：维生素 C 有利于缓解感冒症状吗？对现有证据的综述 【46】
杂志：*Scandinavian Journal of Infectious Diseases*.1994;26:(1) 1-6

在这篇文章中，作者综述了 21 项安慰剂对照研究，这些研究旨在判明每日服用剂量大于等于 1 克的维生素 C 是否会影响感冒。按照作者的观点，这 21 项研究并没有提供维生素 C 补充剂降低了感冒在一般人群中发生率的一致证据。不过作者也指出，在这 21 项研究中，维生素 C 平均减少了 23%的病程和症状严重程度。由于观察到的疗效很不一致，作者认为难以明确地从中推断出有临床意义的结果。

摘要 3
作者：Sattar SA, Jacobsen H, Springthorpe VS, Cusack TM, Rubino JR
标题：阻断鼻病毒从环境表面转移到手上的化学消毒法
杂志：*Applied and Environmental Microbiology*. 1993;59:(5) 1579-1585

这项研究的研究者指出，鼻病毒[能引起感冒]在室温条件下能在环境表面存活数小时之久。手接触这样的表面后很容易被污染，通过自体疫苗接种而引起感染。虽然洗手对预防鼻病毒感冒的传播至关重要，但正确的环境表面消毒能进一步减少鼻病毒的传播。在这项研究中，作者研究了来苏儿消毒喷雾剂、漂白水、一种季铵型产品和一种酚基产品，比较了它们阻断某种鼻病毒从不锈钢盘转移到人类志愿者指尖的能力。研究发现之一是，在接触 1 或 10 分钟后，来苏儿喷剂能够减少病毒超过 99.99%的传染力，没有检测到从来苏水处理过的盘子转移到指尖的病毒。在接触 10 分钟之后，漂白水减小了 99.7%的病毒浓度，同样也没有病毒从处理过的盘子上转移。 【47】

摘要 4
作者：Audera C, Patulny RV, Sander BH, Douglas RM
标题：大剂量维生素 C 与感冒治疗：一项随机对照试验
杂志：*Medical Journal of Australia*.2001,175(7):359-362

研究者对大剂量维生素 C 对感冒的治疗效果感兴趣。他们招募了 400 个志愿者参与为期 18 个月的双盲、随机化临床实验，共有 4 个干预组：在感冒之初和随后的 2 天里，每日服用剂量分别为 0.03 克（“安慰剂”）、1 克、3 克或 3 克以上添加剂（“Bio-C”）的维生素 C。他们发现在这四个治疗组中，感冒的病程和严重程度没有显著差异。研究者提出结论，在成年志愿者中，感冒之初很快服用每日超过 1 克剂量的维生素 C，与每日服用少于最小推荐剂量的维生素 C 相比，不会减少感冒症状的持续时间和严重程度。

摘要 5
作者：Khaw KT, Woodhouse P
标题：维生素 C、感染、凝血因子和心血管疾病的相互关系
杂志：*British Medical Journal*.1995;310(6994):1559-1563

两位研究者假定冬季纤维蛋白原浓度和呼吸病毒感染的增加与维生素 C 营养状况的季节性变动相关（以血清抗坏血酸浓度评估）。为了检验这一假设，他们在 1 年内以 2 个月为间隔研究了年龄在 65—74 岁之间的 96 人。研究者发现，从冬天到夏天，每日平均维生素 C 的饮食摄取量有所不同。他们还发现，每日增加 60 毫克（大约一个桔
【48】子）的维生素 C 饮食摄取量会带来纤维蛋白原浓度 0.15 g/l 的下降，相当于（根据前瞻性研究）缺血性心脏疾病的风险下降大约 10%。基于此发现和他们的其他统计结果，研究者得出结论，研究发现支持维生素 C 可以预防心血管疾病的假设，这是通过凝血因子的作用（至少部分是通过对感染的反应）实现的。

4.你打算研究如何阻止校园欺凌。你上 Web of Science 网站查找关于这一主题的研究现状。你使用以下筛选标准：SSCI 数据库，研究以英语撰写，来自教育或教育研究或教育心理学领域的研究，2007 年发表的文章或综述。你获得了怎样的查询结果？

答 案

1.能够用来检索恐高症患者信息的关键词和其他术语有：**恐高症、广场恐怖症、高度、焦虑，焦虑神经症、觉醒、觉察、行为疗法、苯化重氮、防卫机制、脱敏、恐惧、对高度的恐惧、内外控制、神经病、恐慌，恐慌症、恐惧、恐惧症（诊断）、恐惧症（心理）、生理相关、丛（心理）、威胁和前庭器官。**

2.通过 PubMed，你会检索到 48 篇文献，检索结果看上去类似于下图（截止到 2008 年 7 月）。

3.摘要 3、4、5 是实验，在综述中可能是有用的。摘要 1 的信息可以用来帮助解释综述的发现。因为它没有收集新数据，因此没有资格进入文献综述数据库中。摘要 2 是对文献的综述，有助于检查你的综述内容和结论。【49】

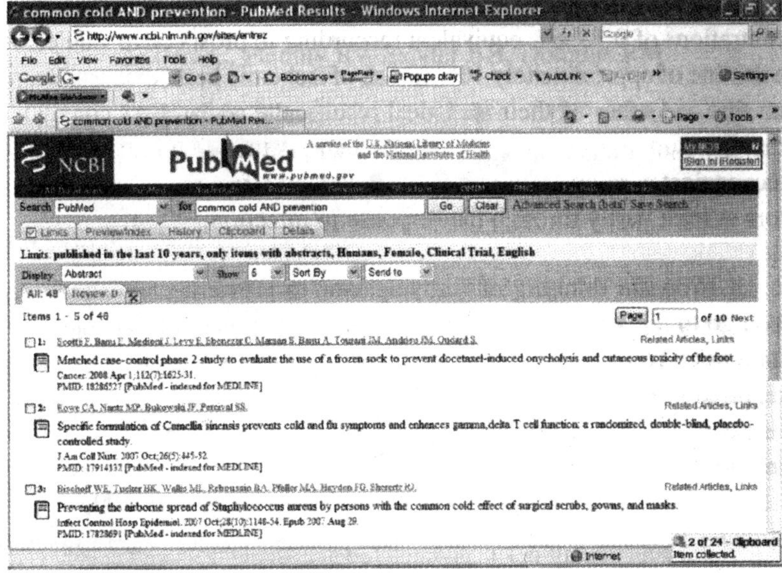

4.

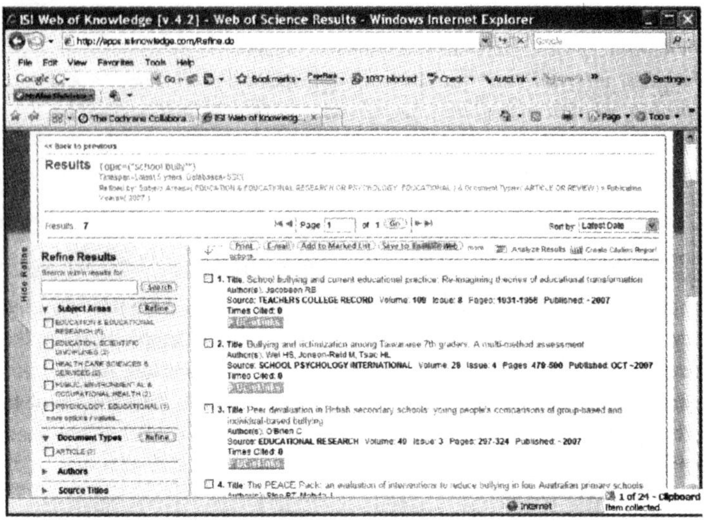

【50】

在线文献综述

如果要找独立的文献综述的好例子，可以登录 Cochrane Collaboration 网站：www.cochrane.org.

Cochrane Collaboration 是一个独立的非营利国际组织，致力于提供关于保健效果的最新的和准确的全球信息。它发布和传播关于医疗保健干预的系统性综述，推动对临床试验形式以及其他干预研究的证据的检索。

该组织的主要产品是 Cochrane 系统综述数据库，由 Cochrane 图书馆每季发布一次。综述是由志愿的医疗保健专业人士完成的。他们分属不同的合作综述小组，与编辑团队一道，监督综述的准备和维护，并执行 Cochrane Reviews 著名的严格的质量标准。

以下是从其网站上获取的一个文献综述的列表(在 2008 年 7 月的时点上)。所选文章用以说明(通过多种目录数据库和其他技术进行的)文献综述中涉及的主题范围、研究问题和研究方法。有且仅有部分综述符合高质量信息的严格标准(参见第 2 章和第 3 章)。注意，有些综述的标题中有“元分析”一词。元分析(参见第5章)是利用正规的统计技术汇总类似但独立的研究结果的一种文献综述形式。所谓相似的研究,指涉及相似主题的研究,比如如何教授阅读或者如何预防儿童肥胖症。

Bailey, E.J., Kruske, S.G., Morris, P S., Cates, C.J., & Chang, A.B.(2008, April 16).Culture-specific programs for children and adults from minority groups who have asthma [Review].*Cochrane Database of Systematic Reviews*, p.CD006580.

Baldwin, R.C., Anderson, D., Black, S., Evans, S., Jones, R., Wilson, K., et al. (2003).Guideline for the management of late-life depression in primary care.*International Journal of Geriatric Psychiatry*, *18*, 829-838.

Cobner, R., & Hill, J.(2003).What works for whom? A critical review of treatments for children and adolescents [Review].*Clinical Child Psychology & Psychiatry*, *8*, 【51】 557-559.(found in PsycINFO)

Cooper, H., Robinson, J. C., & Patall, E. A. (2006). Does homework improve academic achievement? A synthesis of research, 1987-2003.*Review of Educational Research*, *76*(1), 1-62.(found in Web of Science)

Cramp, F., & Daniel, J.(2008, April 16).Exercise for the management of cancer-related fatigue in adults.*Cochrane Database of Systematic Reviews*.

Cusick, L.(2002).Youth prostitution: A literature review.*Child Abuse Review*, 11, 230-251.(found in Sociological Abstracts)

Dennis, L.K., Beane Freeman, L.E., & VanBeek, M.J.(2003).Sunscreen use and the risk for melanoma: A quantitative review.*Annals of Internal Medicine*, *139*, 966-978.(found in PubMed)

Grabe, S., Ward, L.M., & Hyde, J.S.(2008).The role of the media in body image concerns among women: A meta-analysis of experimental and correlational studies. *Psychological Bulletin*, *134*, 460-476.(found in PubMed and PsycINFO)

Graham, S., & Perin, D.(2007).What we know, what we still need to know: Teaching adolescents to write.*Scientific Studies of Reading*, *11*,313-335.(found in Web of Science)

Hoffler, T.N., & Leutner, D.(2007).Instructional animation versus static pictures: A meta-analysis.*Learning and Instruction*, *17*, 722-738.(found in Web of Science)

Hofmann, S.G., & Smits, J.A.(2008).Cognitive-behavioral therapy for adult anxiety disorders: A meta-analysis of randomized placebo-controlled trials. *Journal of*

Clinical Psychiatry, *69*, 621-632.(found in PubMed)

Joyce, J., Rabe-Hesketh, S., & Wessely, S.(1998).Reviewing the reviews: The example of chronic fatigue syndrome. *Journal of the American Medical Association*, *280*, 264-266.(found in PubMed)

Knorth, E.J., Harder, A.T., Zandberg, T., & Kendrick, A.J.(2008).Under one roof: A review and selective meta-analysis on the outcomes of residential child and youth care.*Children and Youth Services Review*, *30*, 123-140.(found in Web of Science)

Lauer, P.A., Akiba, M., Wilkerson, S.B., Apthorp, H.S., Snow, D., & Martin-Glenn, M.L.(2006).Out-of-school-time programs: A meta-analysis of effects for at-risk students.*Review of Educational Research*, *76*, 275-313.(found in Web of Science)

Lemstra, M., Neudorf, C., D'Arcy, C., Kunst, A., Warren, L.M., & Bennett, N.R.(2008).A systematic review of depressed mood and anxiety by SES in youth aged 10-15 years. *Canadian Journal of Public Health*, *99*(2), 125-129.(found in PubMed)

Lundahl, B.W., Tollefson, D., Risser, H., & Lovejoy, M.C.(2008).A meta-analysis of father involvement in parent training. *Research on Social Work Practice*, *18*(2), 97-106.(found in Web of Science)

Lutters, M., & Vogt, N.(2003).Antibiotic duration for treating uncomplicated, symptomatic lower urinary tract infections in elderly women (Cochrane Review).*The Co-
【52】 chrane Library*, Issue 4.(see www.cochrane.org)

McDonald, H.P., Garg, A.X., & Haynes, R.B.(2002).Interventions to enhance patient adherence to medication prescriptions: Scientific review [Review].*Journal of the American Medical Association*, *288*(22), 2868-2879.Erratum in *Journal of the American Medical Association* (2003), Vol.289, No.4, 3242.(found in PubMed)

Reynolds, K., Lewis, B., Nolen, J.D., Kinney, G.L., Sathya, B., & He, J.(2003). Alcohol consumption and risk of stroke: A meta-analysis.*Journal of the American Medical Association*, *289*(5), *579-588.Erratum in Journal of the American Medical Association* (2003), Vol.289, No.21, 2798.(found in PubMed)

Rottinghaus, P.J., Larson, L.M., & Borgen, F.H.(2003). The relation of self-efficacy and interests: A meta-analysis of 60 samples. *Journal of Vocational Behavior*, *62*, 221-236.(found in ERIC)

Satterfield, D.W., Volansky, M., Caspersen, C.J., Engelgau, M.M., Bowman, B.

A., Gregg, E.W., et al.(2003).

Community-based lifestyle interventions to prevent type 2 diabetes. *Diabetes Care*, *26*, 2643-2652.(found in PubMed)

Schroeder, C.M., Scott, T.P., Tolson, H., Huang, T.Y., & Lee, Y.H.(2007). A meta-analysis of national research: Effects of teaching strategies on student achievement in science in the United States. *Journal of Research in Science Teaching*, *44*, 1436-1460.(found in Web of Science)

Snook, B., Eastwood, J., Gendreau, P., Goggin, C., & Cullen, R.M.(2007).Taking stock of criminal profiling: A narrative review and meta-analysis. *Criminal Justice and Behavior*, *34*, 437-453.(found in Web of Science)

Taylor, T.L., & Montgomery, P.(2007).Can cognitive-behavioral therapy increase self-esteem among depressed adolescents? A systematic review. *Children and Youth Services Review*, *29*, 823-839.(found in Web of Science)

Wisner, K.L., Gelenberg, A.J., Leonard, H., Zarin, D., & Frank, E.(1999). Pharmacologic treatment of depression during pregnancy [Review]. *Journal of the American Medical Association*, *282*, 1264-1269.(found in PubMed)

推荐读物

Bero, L., & Rennie, D.(1995).The Cochrane Collaboration. *Journal of the American Medical Association*, *274*, 1935-1938.

Girden, E.R.(1996). *Evaluating research articles from start to finish*. Thousand Oaks, CA.Sage.

Hart, C.(1999). *Doing a literature review*. Thousand Oaks, CA: Sage.

Khan, K.S., Kunz, R., Kleijnen, J., & Antes, G..(2003).Five steps to conducting a systematic review. *Research in Social Medicine*, *96*, 118-121.

Piotrowski, c., & Perdue, B.(2003).Benefits of multidatabase searching: A forensic case study. *Psychological Reports*, *92*, 881-882.

Ridley, D.(2008). *The literature review: A step-by-step guide for students*. Thousand Oaks, CA: Sage.

注 释

1.Wisner, K. L. Gelenberg, A. J., Lconard. H., Zarin. D., & Frank, E.(1999). Pharmacologic treatment of depression during pregneancy [Review]. *Journal of the American Medical Association*, *282*, 1264-1269.

2. Lutters, M., & Vogt, N. (2003). Antibiotic duration for treating
【54】uncomplicated, symptomatic lower urinary tract infections in elderly women (Cochrane
Review). In *the Cochrane Library*, Issue 4. (see www.cochrane.org)

2 检索及筛选

实用筛选与方法学质量筛选

(第一部分——研究设计与抽样)

本章目的

文献检索中的一项重要活动是确定文章取舍的标准。最有效率的检索使用两种筛选方式选择将被综述的研究。第一种筛选方式主要是从实用角度出发的。你可以利用这种方式广泛收集可能有用的研究。这一章解释如何使用典型的实用筛选标准,诸如研究内容、出版语言、研究背景和方法、赞助来源以及出版形态。

第二种筛选是从方法学品质的角度出发,用它来缩小检索的范围,找出那些与科学家和学者借以获得最佳证据的方法最一致的研究。方法学品质指的是一项研究为了达成目标而被设计和执行的优良程度。把重点放在高质量研究上才能保证综述结果的正确性。

最高质量的研究最符合严格的研究标准。研究标准涉及研究设计及抽样、数据收集、分析、解释和报告的质量。研究报告应该提供关于方法的充分信息,使综述人容易区分低质量研究和高质量研究。综述人需要回答的问题包括以下这些:研究设计是否具有内部效度和外部效度? 研究的数据来源是否可靠和有效? 分析方法是否适用于研究数据的特性和质量? 研究结论是否具有实际和统计学意义? 结果是否令人信服,是否描述了研究的优点和弱点?

本章概述了研究设计和抽样的基本内容——这也是方法学品质的两个主要内容。下一章阐述数据收集、分析和报告的方法。

图 2.1 显示了开展研究文献综述的步骤。本章涉及的是图中的阴影部分,即如何对检索进行实用和方法学筛选。 【57】

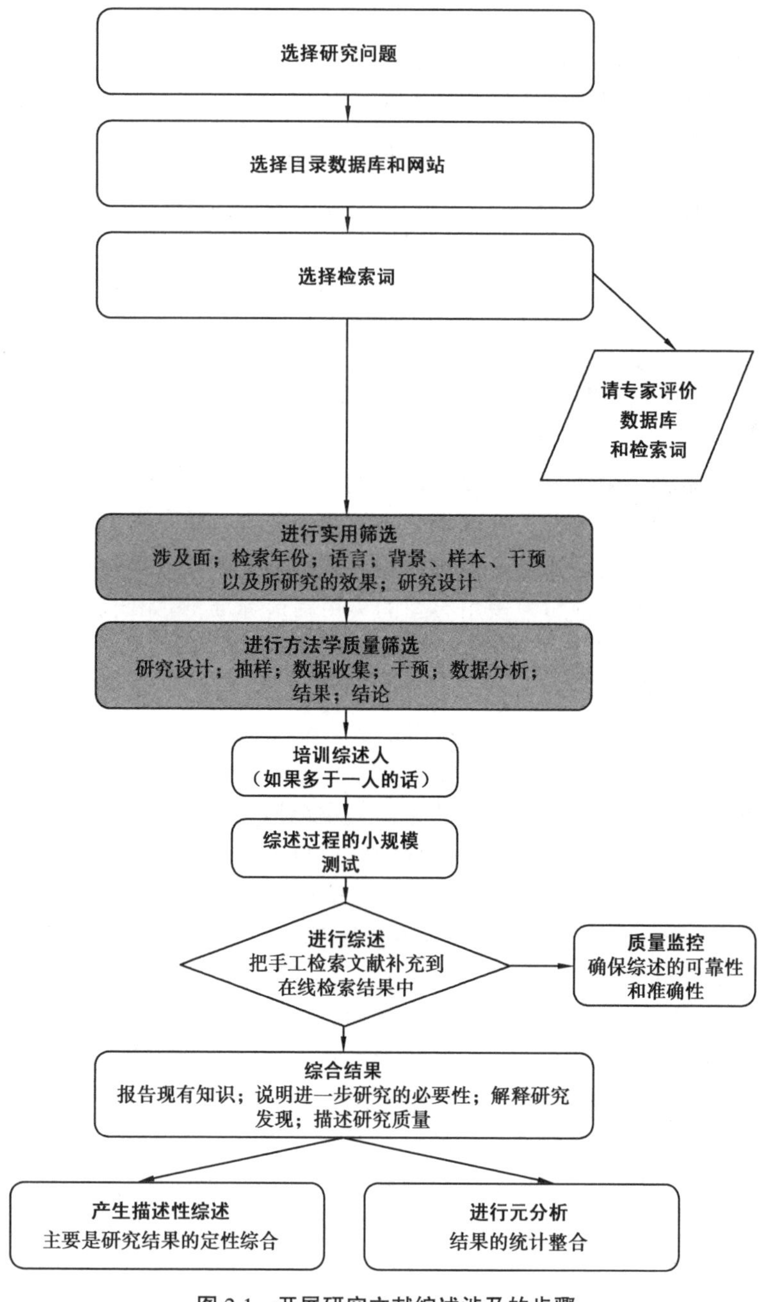
选择研究问题
选择目录数据库和网站
选择检索词
请专家评价
数据库
和检索词
进行实用筛选
涉及面；检索年份；语言；背景、样本、干预
以及所研究的效果；研究设计
进行方法学质量筛选
研究设计；抽样；数据收集；干预；数据分析；
结果；结论
培训综述人
（如果多于一人的话）
综述过程的小规模
测试
进行综述
把手工检索文献补充到
在线检索结果中
质量监控
确保综述的可靠性
和准确性
综合结果
报告现有知识；说明进一步研究的必要性；解释研究
发现；描述研究质量
产生描述性综述
主要是研究结果的定性综合
进行元分析
结果的统计整合

【58】

图 2.1　开展研究文献综述涉及的步骤

如果不加以限制，文献检索可能产生数以百计的待综述文章。然而，你不太可能想全部综述它们，因为其中许多都是无关或设计不佳的。例如有些文章是以你不懂的语言发表的，另外一些文章可能偏离你的主题。举例来说，如果你打算综述有关预防感冒的文献，一次在线检索将会找出有关感冒病毒、感冒心理效应、治疗方法等方面的文章。有一些文章可能是有用的，但是另外一些文章则是无用的。在开始综述之前，你需要梳理一番，以便找出那些包含预防信息的文章。

假如你找到了与你的一般主题——预防感冒相关的50项研究。
即便如此，你也不能说自己已经完成了检索。很有可能，一些研究在 【57】
方法上是严谨的，从有效的证据中得出好的结论，而另外一些研究则在方法方面存在缺陷。为了保证综述的准确性，你必须启动筛选程序，以正确区分设计良好的研究与设计不佳的研究。

有效的检索使用两种筛选方式挑出相关的深入研究。第一种筛选方式主要是从实用角度出发的。这种方式被用来大范围收集相关文献，这些文献涉及的主题是相关的，所使用的语言是能够读懂的，发表在你所尊崇的杂志上，并能及时获取。第二种筛选方式主要是从质量的角度出发的，这种方式通过识别最佳的可得研究缩小检索的范围。最好的研究不会尝试向你兜售任何东西，而会使用科学家和学者赖以收集有力证据的方法。从方法学品质的角度筛选文章，是保证综述准确性的基本要求。

你必须综合使用两种筛选方式——实用的和方法的，以保证综述的有效性、相关性和准确性。

检索筛选1：实用筛选

在检索时可以借鉴的各种实用筛选标准的例子说明如下。

对研究作出取舍：典型的文献综述检索实用筛选

1.出版语言

例：只纳入那些英语和西班牙语的研究。

2.杂志

例：纳入所有教育学杂志。排除所有社会学杂志。

3.作者

例：纳入温蒂·亚当(Wendy Adams)的所有文章。

4.背景

例：纳入所有社区健康背景的研究。排除所有在社区社会服务
【59】中心开展的研究。

5.参加者或被试

例：纳入所有男人和女人。纳入所有持有有效驾照者。排除所有不能以英语或西班牙语参加驾驶测试的人。

6.项目/干涉

例：纳入所有由教师主导的项目。排除所有学生自发的项目。

7.研究设计

例：只纳入随机试验/真实验。排除所有参加者未盲化的研究。

8.抽样

例：只纳入随机选择参加者的研究。

9.发表日期

例：只纳入2005年1月1日到2009年12月31日之间发表的研究。

10.数据收集日期

例：只纳入数据收集于2000年到2009年间的研究。排除没有说明数据收集日期的研究。

11.数据收集的持续时间

例：只纳入数据收集时间在12个月及以上的研究。

12.内容(主题，变量)

例：只纳入重点在疾病的初级预防上的研究。排除重点在次级或三级预防上的研究。排除重点在治疗上的研究。

13.资助方

例：纳入所有私人资助的研究。排除接受任何政府资金的所有研究。

文献综述中可以使用上述所有或部分实用筛选标准，像例子中显示的那样。【60】

实用筛选标准：使用取舍标准

例 1：社会功能

为了找出有关社会功能测量的英文文章，我们使用了三个信息来源：Oishi 社会功能目录（引用了 1 000 篇文章）、PubMed（国立医学图书馆）和 PsycINFO（美国心理学协会）。我们限定候选文章的标题中应包含“社会功能”一词。在这些候选文章中，我们只纳入了发表于 2008 年至今、描述或使用了至少一个调查问卷的文章。我们排除了信件、编者按、综述，以及英语、法语、俄语、丹麦语和西班牙语以外语种的论文，还有那些主要涉及方法或政策的论文。审阅文章目录后，我们把选择限制在 15 种主要杂志上。这里是取舍标准的一个小结：

纳入标准	类　型
标题中包含社会功能一词	内容
发表于 2008 年至今	发表日期
描述或使用了至少一个问卷或测量工具	内容
英语、法语、俄语、丹麦语或西班牙语	发表语言
15 种核心杂志上（给出实际刊名）	杂志
排除标准	类　型
信件、编者按、综述文章	研究设计
研究设计、测量方法改进或政策类文章	内容

例 2：虐待和忽视儿童

我们考察了 1990 年到 2009 年间开展的预防儿童虐待和忽视的
【61】评估项目。在我们的选择中，没有区分虐待（像身体的或情感的）和忽视（像情感的或医疗的）的类型、强度或发生频率。被纳入的评估项目都是基于家庭，同时作用于父母和孩子的，而不是只作用于父母、孩子、孩子看护者或社区。我们排除了那些预测虐待或忽视的原因和结果的研究，以及对虐待和忽视发生后对家庭和孩子进行干预的项目效果进行评估的研究。此外还排除了关于虐待的短文、截面研究、共识陈述、方法研究（如提出新的虐待测量工具）以及没有对项目的有效性做出评判的研究。以下是取舍标准的小结：

纳入标准	类　型
预防儿童虐待和忽视的项目评估	内容
开展于 1990 到 2009 年之间	数据收集的持续时间
基于家庭的项目：同时关注父母和孩子	内容
排除标准	**类　型**
旨在预测虐待或疏忽的原因及结果	研究内容
干预儿童虐待和疏忽的项目评估	内容
关于虐待的短文、截面研究、共识陈述以及没有对有效性做出评判的研究	研究设计
方法研究，如提出一种新的虐待测量方法	内容

检索筛选 2：方法学品质筛选标准
第一部分——研究设计与抽样

第二种筛选方式——从方法学品质出发——需要为高质量研究
【62】设定标准。要点是应该只综述那些满足设定的（以及合理的）标准的研究。实际上，这意味着你的检索范围将大为收窄。

方法学品质指的是,为了达成目标,一项研究被设计和执行的优良或科学程度。越是高质量研究越符合严格的研究标准。只有方法健全的研究才能产生正确的结果。重点关注好的研究是确保综述准确性的唯一方法。正因为如此,了解研究方法是研究文献综述的一个基本内容。

为了挑选出高质量研究,文献综述人应该提出下列问题:(a)研究设计是否具有内部效度和外部效度?(b)研究的数据来源是否可靠、有效?(c)分析方法是否适用于研究数据的特性和质量?(d)研究结论是否具有实际或统计学意义?从下面的讨论中你会看到,如果不能对上述问题全部或者部分给出满意回答,就将降低研究质量。

质量标准:研究设计

一项研究的研究设计指的是其被试或参加者——学生、病人和客户——是如何被组织和测量的。举例来说,一项研究的设计是将参加者编入两个小组,其中一个小组接受特别治疗,但每组都被测试至少两次以找出他们的变化。

传统上将研究设计划分为实验或观察两类。在典型的实验研究中,一组或多组人参与到一个新项目或者干预("实验")中 ,研究者操纵环境以评估变化。

实验的研究设计通常涉及两组或者多组,其中至少一组参与实验,其他则作为控制(或对照)组,不参与实验。实验组接受一种新的或没有经过检验的、创新性的项目、干预或治疗。对照组则给予不同对待。小组可以是任何集体单位。有时候由拥有共同经验的个体组成,像同一个阅读项目中的学生、恐高症患者或奖学金获得者。也有的时候,小组是自然形成的:一间教室、一个公司或一所医院。 【63】

实验研究设计的一个例子是,将 100 名青少年通过随机指派参与到一个全新的预防中学生辍学的项目中去。项目内容包括勤工俭学和改善阅读、写作和计算机能力的个别指导。然后将学生的进步及其辍学率与另外一个项目中的 100 名青少年进行比较。后面这个项目提供个别指导但是不包括勤工俭学。

观察研究不引入新项目;他们分析现有的条件和活动。观察研究的一个例子是,研究者通过分析学生的学业记录,对参与过与未参与过某预防项目的学生的辍学率的差异进行比较。

一般来说,实验研究被认为比观察设计更有效力。然而,采用实验设计并不能自动保证成为高质量研究。为了做出公平和有效的判断,很重要的一点是了解好的研究所具有的特征。

实验设计概述

同期对照和随机指派:真实验。在这种设计中,首先要设定分组的资格标准,然后将合格的单元(units)随机指派到一个或多个实验组及对照组中。各组可以被定期观察和测量。如果可以观察到在某个重要变量(如客户满意度、生活质量、健康和知识)上,实验组与对照组显著不同,就可以认为实验在某种预先界定的范围内是成功的。随机指派的单元可以是个体(如人 A 、B 、C,等等,或老师 A 、B 、C,等等)或个体群(如学校、街区、医院等)。

随机指派(有时称作随机化或随机配置)意味着个体或个体群是
【64】按概率被分配到实验组或对照组的。在随机指派中,之前发生的事件无法用于未来事件的预测。随机化的另一种形式是调控分配过程以确定分组情况(如将每个月单数日入院的人分配到实验组,双数日入院的分配到对照组)。使用同期对照和随机指派的一项研究说明如下。

一项采用同期对照和随机指派的研究

比较两个针对阅读困难学生的阅读项目。在 4 年时间里,10 所
【65】小学中每一所都有半数符合条件的孩子被随机指派到项目 A 或者项目 B。所谓符合条件指的是这些孩子在 XYZ 阅读测试中成绩低于预期一或多个等级。这一设计说明如下:

将 10 所小学中满足条件的半数孩子随机指派到项目 A 或者项目 B

学 校	干预组	
	项目 A	项目 B
1(100 个孩子)	50	50
2(60 个孩子)	30	30
3(120 个孩子)	60	60
4(90 个孩子)	45	45
5(100 个孩子)	50	50
6(90 个孩子)	45	45
7(70 个孩子)	35	35
8(150 个孩子)	75	75
9(150 个孩子)	75	75
10(100 个孩子)	50	50

随机选择与随机指派不同。在一些研究中,全部符合条件的总体都被选中。而在另外一些研究里,只有总体的一个样本或部分被选中。如果这个部分是被随机选中的,就是随机选择。如果你随后决定将选中的样本随机指派到两个或者多个组中,这就是随机指派,如下所示。

随机选择和随机指派:两个例子

1.在研究 A 中,志愿参与实验性网上历史课程评估的青少年被随机指派到实验或者"对照"项目中。

2.在研究 B 中,从所有符合条件的青少年中随机地抽取一个样本出来,然后随机指派到实验或对照项目中去。

评论。在第一项研究中,青少年不是随机选择的,而是来自一组志愿者。然而,一旦被选中,他们就被随机指派到实验项目或对照项目中去。在第二项研究中，青少年是随机选择且随机指派的。一般来讲，随机选择加随机指派要好于单独使用其中之一。

在做科学研究时，随机形成同期组的实验研究设计是更佳的或更可取的设计。他们有时被称为真实验（true experiments）。这些设计——如果被正确实施——能够控制许多会影响实验的误差或偏倚。

这些导致错误结论的误差或偏倚是什么？最具潜在破坏性的偏倚来自“选择”的方法。当对本来各不相同，因而对不同结果具有不同先验风险的人进行比较时，就会出现选择偏倚。假设在学校 1 和学校 2 参与一项两种阅读方法的比较测试后开展一项研究。研究结果显示，与学校 2 的孩子（作为实验组）相比，学校 1 的阅读项目中的孩子（作为对照组）在阅读态度评估中的得分更高（更好）。虽然结果可能表明实验是失败的，但这两个组可能在一开始就是不同的，即使他们看上去很相似。举例来说，虽然学校 1 和学校 2 的孩子在社会背景、阅读能力和阅读教师水平方面是相似的，但是他们在其他一些重要方面可能存在不同。例如，学校 2 可能有一座较好的图书馆，一位更和
【66】善的图书馆员，更多可用于额外阅读项目的资源，一个有利于阅读的社会体系，等等。如果不分学校，将学生随机地分配到实验组和对照组中，选择程序带来的偏倚就会较少。

未预料到的、未知和已知的特征都会带来偏倚。随机化是可以控制未知偏倚的唯一已知方式，并可将它们在组间平均分配。

采用同期对照和随机指派的设计要比其他类型的研究设计更为复杂。与这类设计有关的常见问题是随机化单位的恰当选择。有时候，出于实际的考虑，选择群组（学校、公司）而不是个体进行随机指派。当出现这种情况时，你不能认为形成群体的个体，可以与特定学校或公司中随机选择的个体，以同样的方式进行比较。原因是如果研究者指派，他们是主动的，但是如果是个体参与者或“被试”做出的选择，他或她则是主动的。毕竟，举例来说，人们上某些所学校，是因为这些学校满足其个体需要而非实验所需。

偏倚的其他可能来源包括没能充分监控随机化过程，以及未能在所有的研究组间遵循一致的随机化程序。对负责随机化和监控该过程质量的人进行培训是基本要求，文献综述人应该能在研究中找到对

这些程序的讨论。

在有些随机化研究中，参与者和研究者都不知道参与者是在实验组还是在对照组；这就是双盲实验。当参与者不知道而研究者知道，称为盲化试验。一些专家认为盲化与随机化一样重要。他们认为，随机化消除了研究开始阶段**混杂因素**的影响，但不能消除研究过程中产生的**混杂因素**的影响。例如，如果参与者获得特别关注或对照组了解了实验，就会发生混淆。特别关注和对照组的变化会改变研究的结果。在社会实验中经常很难做到盲化，所以谨慎的综述人应该特别注 【67】
意未经盲化的随机对照试验中产生的偏倚。

尽管随机化研究更为科学，但你不能认为仅仅随机化就能保证一项研究找出"事实"。有效的研究结果也依赖正确的数据收集和恰当的统计分析和解释。

随机对照试验的例子可以在下列文献中找到：

Buller, M.K., Kane, I.L., Martin, R.C., Grese, A.J., Cutter, G.R., Saba, L.M., et al. (2008). Randomized trial evaluating computer-based sun safety education for children in elementary school. *Journal of Cancer Education*, *23*, 74-79.

Butler, R.W., Copeland, D.R., Fairclough, D.L., Mulhern, R.K., Katz, E.R., Kazak, A.E., et al. (2008). A multicenter, randomized clinical trial of a cognitive remediation program for childhood survivors of a pediatric malignancy. *Journal of Consulting and Clinical Psychology*, *76*, 367-378.

DuMont, K., Mitchell-Herzfeld, S., Greene, R., Lee, E., Lowenfels, A., Rodriguez, M., et al. (2008). Healthy Families New York (HFNY) randomized trial: Effects on early child abuse and neglect. *Child Abuse & Neglect*, *32*, 295-315.

Fagan, J. (2008). Randomized study of a prebirth coparenting intervention with adolescent and young fathers. *Family Relations*, *57*, 309-323.

Poduska, J.M., Kellam, S.G., Wang, W., Brown, C.H., Ialongo, N. S., & Toyinbo, P. (2008). Impact of the Good Behavior Game, a universal classroom-based behavior intervention, on young adult service use for problems with emotions, behavior, or drugs or alcohol. *Drug and Alcohol Dependence*, *95*, S29-S44.

Rdesinski, R. E., Melnick, A. L., Creach, E. D., Cozzens, J., & Carney, P.A.(2008). The costs of recruitment and retention of women from community-based programs into a randomized controlled contraceptive study. *Journal of Health Care for the Poor and Underserved*, *19*, 639-651.

Swart, L., van Niekerk, A., Seedat, M., & Jordaan, E.(2008).Paraprofessional home visitation program to prevent childhood unintentional injuries in low-income communities: A cluster randomized controlled trial.*Injury Prevention*, *14*(3), 164-169.

无随机指派的同期对照。当你已有至少两个现成的分组,其中一个接受实验,那么就会出现非随机化的同期对照(准实验设计或非对等对照组设计)的情况。在教育界,研究者可以选择两个具有可比性的班级或者学校,并指定其中之一为实验组。在基于社区的研究中,研究者可以使用两个相似的社区。研究者希望各组尽可能地相似,以便能
【68】够更好地进行比较或做到无偏。不幸的是,研究者永远不能肯定各组是否完全可比。这样得到的两个组不可能像研究者通过抽签指派得到的两个组那样相似。下面是一个例证。

同期对照但非随机指派

一项非随机化试验被用来测试一个减少护理中心安定类药物使用的项目。该项目借助行为技术解决行为问题,鼓励逐渐减少安定类药物的使用。两个使用安定类药物较多的农村社区护理中心作为实验组,另外两个具有可比性的中心作为同期对照组。两组护理中心的病人具有相似的人口统计学特征和功能状态,每个小组安定使用的基线率是每在护理中心居住 100 天使用安定类药物 29 天。

上述例子采用了一类称作非对等对照组设计的准实验设计。其

他准实验设计包括时间序列设计及其各种变体。

无随机化的同期对照设计比随机化实验设计更容易实施、更便宜,因而为许多研究者所采用。但是这类设计增加了外部因素导致结果产生偏倚的可能性。因此,它们有时被称作**准实验设计**。与非随机指派相关的典型偏倚是选择或成员偏倚。

成员偏倚指的是仅仅因为属于同一群体而共享群体成员的特征,就是说现有的群组通常不是偶然形成的:他们因共享相似的价值观、态度、行为或社会和健康状况而走到一起。具有共同特征的群体例子包括:在同一个社区生活的人们(他们可能收入相似),同一个老师教的孩子们(可能能力相似),某位医生的病人们(可能患同一种病),同一所轻刑犯监狱的囚犯(他们罪行的严重程度相似),同一所重刑犯监狱的囚犯(他们罪行的严重程度相似,但不同于轻刑犯监狱中的囚【69】犯)。只有随机指派才能保证两个群组在所有可能影响研究结果的变量上具有基本的可比性。

成员偏倚会严重损害研究的准确性。当研究者采用无随机指派的同期对照时,你需要注意他们是否在研究之初就对两个群体在潜在重要特征上的对等性进行了预测量。在上述研究中,研究者通过报告两个护理中心的病人具有相似的人口特征、功能状态和安定类药物使用情况,从而论证了组间的对等性。

当不采用随机指派的时候,可以使用统计方法(如倾向分析、工具变量法和断点回归)"控制"混杂变量的影响。如果一个变量出现在一组被试中的可能性比出现在对照组中的可能性更高,且该变量与被关注的结果有关,并会导致研究结果的混淆,该变量就被称为混杂变量。然而一般来说,在研究者(作为设计和抽样的一部分)收集数据之前控制混杂因素,要比在之后的分析期间控制更好一些。你应该查看某篇论文的设计、抽样和统计分析部分,以了解研究者是否充分考虑了混杂因素。

准实验研究的例子可以在下列文献中找到:

Chen, J. (2008). The effects of housing allowance benefit levels on recipient duration: Evidence from the Swedish 1997 reform. *Urban Studies*, *45*, 347-366.

Corcoran, J.(2006).A comparison group study of solution-focused therapy versus “treatment- as-usual” for behavior problems in children. *Journal of Social Service Research*, *33*, 69-81.

Cross, T.P., Jones, L.M., Walsh, W.A., Simone, M., & Kolko, D. (2007). Child forensic interviewing in Children's Advocacy Centers: Empirical data on a practice model. *Child Abuse & Neglect*, *31*,1031-1052.

Kutnick, P., Ota, c., & Berdondini, L.(2008).Improving the effects of group working in classrooms with young school-aged children: Facilitating attainment, interaction and classroom activity. *Learning and Instruction*, *18*, 83-95.

Orthner, D.K., Cook, P., Sabah, Y., & Rosenfeld, J.(2006).Organizational leaming: A cross-national pilot-test of effectiveness in children's services. *Evaluation and Program Planning*, *29*, 70-78.

Struyven, K., Dochy, F., & Janssens, S.(2008). The effects of hands-on experience on students' preferences for assessment methods. *Journal*
【70】 *of Teacher Education*, *59*,69-88.

自我对照

自我对照设计使用一组参与者作为其自身的对照。举例来说,对学生进行三次调查:在年初了解他们对社区服务的态度,在参与课程一年后调查他们态度的改变程度,在第二年末确定这种改变是否固化下来。这种三阶段测量是一种以学生作为其自身对照的设计。在这个例子中,在干预(新课程)前测量了一次,在干预后测量了两次。

自我对照设计十分薄弱,因为它容易带来许多偏倚。参加者可能对参加实验感到兴奋;他们的身体、情绪和智力逐渐成熟;或者存在历史事件造成的干扰。举例来说,假设一项研究显示,那些参加了一个为期两年的以学校为中心的干预项目的学生形成了某些重要的态度和行为并保持下来。这种理想的结果可能是新课程的缘故,也可能是因为学生品性的改变,他们可能在实验中一开始就被鼓励学习,并由于参与实验而变得更兴奋。另外一种可能性是，在两年的干预期间，学生的智力更为成熟，这种变化而非项目本身促进了他们的学习。同时，发生的历史或外部事件也可能掩盖新课程的效果。举例来说，在这期间一位优秀老师给学生做了几场动员报告，学生在随后的测试中的出色表现可能或多或少归功于报告而非课程。

有必要额外增加对照组以强化自我对照设计，如下所述。

结合自我对照和同期对照以评估教育和立法对儿童自行车头盔使用的影响

向三个县的将近 3 000 个孩子分两次邮寄了一份关于自行车头盔使用的匿名问卷。第一次邮寄的时间是在第 1 个县开展一项教育活动的 3 个月之前，以及第 2 个县通过一项必须使用头盔的立法和开展一项教育活动的 3 个月之前。第二次邮寄时间是教育活动和相关的教育立法完成之后的第 9 个月。在作为对照组的第 3 个县也开展了两次调查（间隔了 9 个月）。第 3 个县既没有关于自行车头盔使用的立法也没有相关的教育活动。下列表格和相关文字概述了结果。【71】

孩子报告“总是”或“经常”使用头盔的百分比

	干预前	干预后
县 1：只有教育	8	13[a]
县 2：教育和立法	11	37[b]
县 3：未干预	7	8

注：因为只包含回答“总是”或“经常”的孩子的比例，所以百分比较小且和不为 100%。其他回答（如“很少”）归入其他选择。

a. $p<0.01$ 意味着观察到的结果（报告“总是”或者“经常”使用头盔）偶然出现的概率在 100 次中只有 1 次。p 或 p 值是被观察到的结果（或一个统计检验的结果）由于偶然性而出现的概率。

b. $p < 0.000\,1$ 意味着被观察到的结果由于偶然性而发生的概率为 10 000 次中 1 次。

注意。关于 p 值和其他统计术语的更多信息参见第 3 章。

研究发现。报告“总是”或者“经常”使用头盔的孩子的比例，在县 2（教育和立法）由之前的 11%显著增加（$p<0.000\,1$）到 37%，在县 1（只有教育）中则由 8%增加到 13%（$p<0.01$）。在县 3 增加了 1%，这一增幅不具有统计上的显著性。

评论。教育和教育与立法相结合相对更为有效：两者并行或两者之一都能够增加报告使用头盔的孩子的比例。教育可能令孩子在调
【72】查中做出更为社会所接受的回答，但是文献中的其他研究显示，如果只有单纯的教育的话，通常并不会诱使孩子们对调查问题作出迎合的回答。对照组的情况没有改进，显示出县 1 和县 2 所作的努力是进步的原因。额外增加的对照组增加了研究结果的可信性。

历史对照或现有数据

采用历史对照的研究依赖从现有数据源可获取的数据。这些数据有时被称作“常模”，这指的是它们被作为基准点。因为是在过去收集的，所以他们是历史性的。

历史对照包括建立常模，比如标准化测试（如 SAT 和 GRE 考试）的分数；过去开展的研究的结果，出生率和死亡率这类重要的统计数字。这些数据可以作为同期对照数据的替代品。

假如你正在进行文献综述，比较你所在的州或省与国内其他州或省在提供基本学校心理健康服务方面的异同，而你所在的州刚刚完成了一个学校调查，你在一份报告中找到了表 2.1。

制作这张表格的人使用了历史对照，因为它使用一个现有数据库（National Survery of Children’s Mental Health Services，1998）作为参照，并将最近调查的结果与其相比较。（本例中未包括比较结果的统计方法。）

历史对照是方便的；其偏倚的主要来源是，之前被收集了数据的群体与现在研究关注的群体可能缺乏可比性。在本表的例子中，综述人必须确定本州的孩子与其他州的孩子相比是否有不同的需求和资

源。如果有的话,这种组间比较就是不恰当的。

历史对照组与同期群比较的有效性,还受到数据来自于两个不同时期(由于快速的社会变迁)所带来的影响。在表 2.1 的例子中, 综述人可以责难研究者使用了 10 年前的数据,特别是如果有证据表明心理健康服务、需求和资源在 1998 年到 2008 年间发生了显著的改变。 【73】

表 2.1 在一个假想州(HS)和国(HC)中享有常规学校心理健康服务的学童比例

	≤10 岁(%)		10—14 岁(%)		15—17 岁(%)	
	HS	HC	HS	HC	HS	HC
所有孩子	89.9	97.2	92.3	84.5	89.5	90.8
家庭收入						
$25 000 以下	83.7	82.4	86.7	86.3	87.6	88.8
$25 000 到 $50 000	95.7	92.7	91.3	92.5	86.5	88.3
$51 000 到 $75 000	95.3	91.3	96.1	94.6	90.1	89.4
$75 000 以上	99.3	94.4	97.7	96.5	96.7	94.7

来源:儿童心理健康服务全国调查(1998) 和州儿童心理健康服务调查(1998)

当综述文献时,提出下列问题:是否对历史对照的选择做出了解释和说明?常模数据是否可靠、有效和恰当?

观察设计概述

队列设计

一个**队列**是一组具有某些相同之处的人,他们在相当长时间内都属于被研究群体。在公共卫生研究中,队列研究被用来描述或预测疾病的风险因素和疾病的原因、发生率、自然历史和预后效果。队列研究可以是**前瞻性**或**回溯性**的。对于前瞻性设计,探索方向在时间上是向前的;而对于回溯性设计,方向是向后的。 【74】

前瞻性队列设计

高纤维饮食能够预防结肠癌吗？

一个研究小组对高纤维饮食能否预防结肠癌感兴趣。他们把调查表邮寄给一个由注册护士组成的样本(队列)，询问她们的饮食结构和其他风险因素，最终超过 121 000 个样本完成应答。在二十年中，每隔两年，他们就寄出调查表以更新数据，并了解这些护士包括结肠癌在内的各种疾病的发生情况。研究者通过查阅病历确认护士报告的疾病。数据的统计分析显示，饮食的纤维摄取不能预防结肠癌。饮食中摄取纤维量最少和最多的护士，在结肠癌患病率上没有差别。

这是对护士健康研究(一项多年期的大型队列研究)很小一个组成部分的简短描述。通过严格的队列设计，在**结果**(如结肠癌)发生之前，就对潜在的预测因素(如饮食)进行了测量。通过长期、多样和经常的有效测量，研究者就能够推论出某个因素是(或不是)该结果的原因。

另外一个关于犯罪生涯的前瞻性队列研究的例子如下。

犯罪生涯模式是否因种族和性别而异？

研究者分析了普罗维登斯市参与国家围产期协作项目(National Collaborative Perinatal Project)的成员(队列)的数据。他们重点关注整个队列在暴力的传播、频率、长期性和特殊性等方面的模式，并将整个样本按照种族、性别以及种族并性别进行了分层。此外，还使用人口统计学和青少年犯罪的特征预测成年犯罪状况。研究者发现有三个变量能很好地预测成年犯罪状况。男性和非白人比女性和白人有更大的可能成为罪犯。在两个青少年犯罪指标中，只有一个即累犯能够很好地预测成年犯罪状态。青少年期曾经
【75】因为暴力而被逮捕不能很好地预测成年犯罪状况。

问题:这个研究的预测因素是哪些?结果是什么?

高质量的前瞻性或**纵向**研究开展起来十分昂贵,尤其是如果调查者关心的结果非常罕见或难于预测的话。研究稀有的和难于预测的结果需要大量样本和很多测量。另外,做前瞻性队列研究的研究者必须警惕随着时间推移被试的流失或损耗。举例来说,对孩子的纵向研究常常受困于人员的流失,因为随着时间的流逝,他们可能失去兴趣、搬到远方、改名,等等。如果研究中流失很多人,留下的样本可能与走掉的样本非常不同。留下的样本与走掉的样本相比,可能动机更强烈、流动性更低,而这些因素可能以难以预测的方式与任何观测结果相关联。

当综述前瞻性队列研究时,应该明确研究者是如何处理后续的流失或损耗的。应提出下列问题:损耗造成的问题有多大?在分析中是否处理了后续的人员流失?研究发现受到人员流失的影响了吗?

以下文献中可以找到前瞻性队列研究的例子:

Brown, C.S., & Lloyd, K.(2008).OPRISK:A structured checklist assessing security needs for mentally disordered offenders referred to high security psychiatric hospital. *Criminal Behaviour and Mental Health*, *18*, 190-202.

Fuchs, C. S., Giovannucci, E. L., Colditz, G. A., Hunter, D. J., Stampfer, M.J., Rosner, B., et al.(1999).Dietary fiber and the risk of colorectal cancer and adenoma in women. *New England Journal of Medicine*, *340*,169-176.

Kemp, P. A., Neale, J., & Robertson, M. (2006). Homelessness among problem drug users: Prevalence, risk factors and trigger events.*Health & Social Care in the Community*, *14*, 319-328.

Kerr, T., Hogg, R.S., Yip, B., Tyndall, M.W., Montaner, J., & Wood, E.(2008).Validity of self-reported adherence among injection drug users. *Journal of the International Association of Physicians in AIDS Care*, *7*(4), 157-159.

Kuyper, L.M., Palepu, A., Kerr, T., Li, K., Miller, C.L., Spittal, P.M., et al.(2005).Factors associated with sex-trade involvement
【76】 among female injection drug users in a Canadian setting. *Addiction Research & Theory*, *13*(2), 193-199.

Piquero, A.R., & Buka, S.L.(2002).Linking juvenile and adult patterns of criminal activity in the Providence cohort of the National Collaborative Perinatal Project. *Journal of Criminal Justice*, *30*, 259-272.

White, H.R., & Widom, C.S.(2003).Does childhood victimization increase the risk of early death? A 25-year prospective study. *Child Abuse & Neglect*, *27*, 841-853.

因为实行前瞻性队列设计十分困难和昂贵,所以文献中报告的队列设计多为回溯性设计。一个回溯性队列设计的例子说明如下。

回溯性队列设计

家庭史和乳腺癌诊断之间是否存在关系?

研究者检索了一家医院 2000 年到 2004 年间的诊断数据库,发现有 250 名女性被诊断为原位癌。这 250 名女性构成一个队列。研究者查阅了这 250 名病人的病历,以找出她们的家庭病史以及与这些疾病可能有关的因素。研究者收集的数据使他们能够研究这 250 个样本中家庭史及其他变量与癌症发生率之间的关系。

德国青年仇外的可能原因是什么?

使用一项来自正在开展的针对东、西柏林青年的大型研究中获取的数据,对青少年仇外的变动趋势进行了分析。研究的数据库包含了两项调查的结果:利己主义调查和自尊量表。检验了两个主要假设,即自私和低自尊是 13 至 16 岁青少年仇外的两个主要驱动因素。

回溯性队列设计与前瞻性设计的效力相似。和前瞻性设计一样,回溯性设计能够证实预测变量 (如自尊)发生在结果(如仇外心理)之前。另外,因为数据是在结果已知前收集的,所以对可能预测 【77】 结果的变量(如自尊)的测量,不容易受到可能导致问题(如仇外心理)形成的先验知识的影响。回溯性队列研究通常较前瞻性研究便宜,因为其依赖的是现有的数据。但是结果可能不那么令人信服,因为研究者使用的现有数据可能没有他或她自己做研究时希望包括的被试和信息。当综述回溯性队列研究时,应提出以下问题:样本的典型性或代表性如何?对队列的调查完整吗?分析中是否包含了所有的相关变量?

以下文献中可以找到回溯性队列研究的例子:

Boehnke, K., Hagan, J., & Hefler, G.(1998).On the development of xenophobia in Germany-The adolescent years.*Journal of Social Issues* [Special issue: Political development: Youth growing up in a global community], *54*, 585-602.

案例对照设计

案例对照设计通常是回溯性的。通过比较两个不同小组(其中一个小组有某种现象)的历史来解释某一现存的现象。例如,案例对照设计可以用来帮助了解那些能够区分现在经常头疼与不经常头疼的人们的社会、人口和态度变量。

案例对照设计中的案例是基于某些特性或结果(如经常性头痛)

而被选择出来的个体。对照组是不具有这些特性或结果的个体。通过对案例组和对照组的历史的分析和比较，研究者试图发现案例组有而对照组没有的一个或多个特征。

研究者如何避免组间的重大差别，比如更健康或更聪明？办法包括随机选取对照组，使用多个对照组，以及仔细地在重要变量上使对
【78】照组和案例组相互匹配。

两项研究中的案例对照设计

酒精在乘船死亡中的作用

酒精越来越被认为是导致许多乘船死亡的一个因素，但是酒精消费与乘船者死亡率之间的关系还没有被很好地量化研究。本研究的目标是确定饮酒与乘客和驾船者在乘船时溺亡的估计相对风险之间的关系。为此，研究者开展了一项对马里兰和北卡罗莱纳州1990年至1998年间18岁及以上的人因娱乐性乘船致死的案例对照研究($n=221$)。他们比较了案例组和对照组的被访者，这些被访者($n=3\ 943$)是通过多阶段概率抽样从同一地点的乘船者中抽取出来的，这些地方从1997年到1999年间每年都有死亡的情况发生。

膝关节炎与日本妇女

这是一项在日本妇女中进行的案例对照研究，考察了膝关节骨性关节炎(OA)和体质因素(如体重)、关节受伤史和职业因素之间的关系。

研究覆盖了日本的三个卫生区。案例是45岁及以上的妇女，骨科医生使用X光线照相术确诊她们为膝关节骨性关节炎。对照组是从大众中随机选择的，而且每一个都在年龄、性别和居住区上与案例之一相匹配。采用结构化问卷对被试进行访谈以了解其医疗史，包括关节损伤史、体育活动、社会经济因素和职业，还测量了身高和体重。

在第一项研究中,使用了一个复杂的随机抽样方案,以将案例组与对照组被试之间的偏倚最小化、可比性最大化(例如死亡地点相同)。在第二项研究中,随机抽取对照组,然后分别与每一个案例在年龄、性别和居住区上进行匹配。

传染病学家和其他医务工作者也经常使用案例对照设计来获取对疾病和其他健康问题的原因和结果的洞见,然而这类研究的综述者应该对某些方法论问题保持警惕。首先,案例组和对照组经常 【79】
是从两个不同的总体中抽取出来的,因此组间或组内可能存在系统性差别(如动机和文化信念),这些难于预期、测量或控制的差异可能影响研究结果。

案例对照设计的另外一个潜在问题是,数据经常来自于人们对事件的回忆,如要求妇女讨论她们的体育活动史,或要求乘船者回答他们的饮酒习惯。记忆时常是不可靠的,因而依赖记忆的研究结果可能会带来误导性信息。

以下文献中可以找到案例对照研究的例子:

Belardinelli, C., Hatch, J.P., Olvera, R.L., Fonseca, M., Caetano, S.C. Nicoletti, M., et al. (2008). Family environment patterns in families with bipolar children. *Journal of Affective Disorders*, *107*(1-3), 299-305.

Davis, C., Levitan, R. D., Carter, J., Kaplan, A. S., Reid, C., Curtis, C, et al. (2008). Personality and eating behaviors: A case-control study of binge eating disorder. *International Journal of Eating Disorders*, *41*, 243-250.

Hall, S.S., Arron, K., Sloneem, J., & Oliver, C. (2008). Health and sleep problems in cornelia de lange syndrome: A case control study. *Journal of Intellectual Disability Research*, *52*, 458-468.

Smith, G.S., Keyl, P.M., Hadley, J.A., Bartley, C.L., Foss, R.D., Tolbert, W.G., et al. (2001). Drinking and recreational boating fatalities: A population-based case-control study. *Journal of the American Medical Association*, *286*, 2974-2980.

Yoshimura, N., Nishioka, S., Kinoshita, H., Hori, N., Nishioka, T., Ryujin, M., et al. (2004). Risk factors for knee osteoarthritis in Japanese women: Heavy weight, previous joint injuries, and occupational activities. *Journal of Rheumatology*, *31*(1), 157-162.

其他设计及研究概述:截面调查和共识声明

截面调查

截面设计是对同一时期的一个或多个组的描述。此类设计时常
【80】采用邮件和其他自填调查问卷,以及面访和电话访谈。事实上截面研究有时也被称作调查或描述性设计。以下是三个说明截面设计应用的例子。

截面设计

1.对难民进行访谈以找出他们目前的担忧和愿望。
2.通过邮寄问卷了解邮购消费者对商品和服务质量的感受。
3.在一个社区进行网络调查以了解其对青年服务的需求。

可以用截面调查来描述一项研究的样本,以及在实验之初提供基线数据。研究样本可能由个体或者诸如公司、学校和医院一类的机构组成。研究者对500家小公司进行网络调查以了解其产假政策,他们所做的就是截面研究。

基线数据包含人口统计学数据(年龄、性别、收入、教育、健康)和诸如当前知识、态度和行为等变量的统计数据。不过,研究者也可以探索人口统计学数据和其他变量之间的关系。举例来说,关于中学生对时事的了解的截面调查,可能会研究性别(一个基线变量)与对时事的了解(另外一个基线变量)之间的关系。

截面研究的主要局限性在于它们是孤立的、没有追踪的,因而不能提供关于因果关系的信息。它们只能提供在某一特定时点上单一

事件的信息。举例来说,假设研究者发现女孩与男孩相比对时事了解较少。研究者不能够得出结论说,由于是女性而在某种程度上导致对时事的了解较少。研究者能够肯定的只是,在这个调查中,女孩的了解比男孩少。

为了更好地说明这一点,假设你正在综述一个社区运动项目的文献。你对年龄和运动之间的关系尤其感兴趣。运动量是否会随年龄增长而减少?检索文献时你发现了下面的报告。【81】

关于运动习惯的截面调查报告

今年三月,研究者 A 调查了一个年龄在 30 岁到 70 岁之间的 1 500 人的样本,了解他们的运动习惯。他所提的问题之一是:“你在典型的一天内的运动量通常有多大?”研究者 A 把样本分为两个组:年龄在 45 岁及以下者和年龄在 46 岁及以上者。研究者 A 的数据分析显示,两个组报告的每日运动量是不同的,较年轻的一组报告的典型的一天内的运动时间要长 15 分钟。

从以上简介中能否得出结论说运动量随年龄增长而减少?答案是否定的,你不能从研究者 A 的报告中得出这一结论。截面研究中显示的这种下降,可能确实反映出运动量随年龄增加而减少,但也可能反映的是这个具体样本的特殊之处。这项研究中的年轻者可能特别钟爱运动,而年长人则可能特别反感运动。做为一个综述者,你需要考虑这两种解释哪种更好。为此你可以检索文献,看看哪个结论得到了其他研究的支持。文献是否普遍支持运动量总是随年龄增长而减少的观点?毕竟在某些社区中,年长者的运动量可能实际上是增加的,因为他们退休或者非全职工作,所以比年轻人有更多时间参加运动。

假如你有兴趣考察患有图雷特氏精神障碍的孩子的父母和患有哮喘的孩子的父母,以比较他们的心理健康和养育负担。从下面的截面调查中能够得到你所需要的信息吗?

关于两组父母的一项截面调查

研究者考察了患哮喘孩子的父母和患图雷特氏精神障碍孩子的父母的心理健康和养育负担。他们在医院门诊部调查了患图雷
【82】特氏精神障碍和小儿哮喘孩子的父母。调查包含对父母心理健康(一般健康问卷[GHQ]-28)和养育负担(儿童和青少年影响评估)的测量。依据[GHQ]-28,患图雷特氏精神障碍孩子的父母 76.9%有心理健康问题,而患哮喘孩子的父母这一比例则为 34.6%。在考虑了人口统计学变量(如年龄和教育)后,这一差别仍然显著。

很难从这个例子中得出结论说,研究者发现的心理健康差异完全是由于图雷特氏精神障碍父母的养育负担或其他什么因素造成的。例如,可能是特定的这一组图雷特氏精神障碍父母有某些严重的心理健康问题,而和他们孩子的疾病无关。综述人需要更多关于这两个研究的样本以及他们是如何入选的信息,才能判断研究者发现的有效性。

以下文献是截面研究的例子:

Belardinelli, C., Hatch, J.P., Olvera, R.L., Fonseca, M., Caetano, S.C., Nicoletti, M., et al.(2008).Family environment patterns in families with bipolar children. *Journal of Affective Disorders*, *107*(1-3),299-305.

Cannona, C.G.H., Barros, R.S., Tobar, J.R., Canobra, V.H., & Montequin, E.A.(2008).Family functioning of out-of-treatment cocaine base paste and cocaine hydrochloride users. *Addictive Behaviors*, *33*, 866-879.

Cooper, C., Robertson, M.M., & Livingston, G.(2003).Psychological morbidity and caregiver burden in parents of children with Tourette's disorder and psychiatric comorbidity. *Journal of the American Academy of Child & Adolescent Psychiatry*, *42*, 1370-1375.

Davis, C., Levitan, R. D., Carter, J., Kaplan, A. S., Reid, C., Curtis, C., et al.(2008).Personality and eating behaviors: A case-control study of binge eating disorder. *International Journal of Eating Disorders*, *41*, 243-250.

Hall, S.S., Arron, K., Sloneem, J., & Oliver, C.(2008).Health and sleep problems in cornelia de lange syndrome: A case control study.*Journal of Intellectual Disability Research*, *52*, 458-468.

Kypri, K., Bell, M.L., Hay, G.C., & Baxter, J.(2008).Alcohol outlet density and university student drinking: A national study.*Addiction*, *103*, 1131-1138.

Negriff, S., Fung, M.T., & Trickett, P.K.(2008).Self-rated pubertal development, depressive symptoms and delinquency: Measurement issues and moderation by gender and maltreatment.*Journal of Youth and Adolescence*, *37*, 736-746.

Schwarzer, R., & Hallum, S.(2008).Perceived teacher self-efficacy as a predictor of job stress and burnout.*Applied Psychology: An International Review*, *57*(Suppl.1), 152-171. 【83】

共识陈述

共识陈述在健康与医疗领域中常见,可以给医生和病人提供数十种病症(如膝关节置换、癫痫症和白内障)的诊断和治疗的指导。一组或一群有见识的人发表共识陈述,他们这么做是因为关于这一主题的文献是不完全或相互矛盾的。共识小组一般都同意获取信息的最佳方式是对照实验。但是好的研究数据并非总是易于获取。

最好的共识陈述既参考了世界上的各种文献,又结合了已知可以最大限度地利用参加者的专业知识的小组工作法。在大多数共识达成活动中,参加者的数量在 9 到 14 人之间。最著名的是国家健康研究所(NIH)的共识陈述(http://consensus.nih.gov)。

文献综述人经常试图通过共识陈述论证研究或其结论的必要性。然而,共识陈述属于观察性研究,因而也免除不了观察研究的那些局限性。

书籍

许多书籍包含出色的文献综述,其参考文献目录也是其他综述人的一个金矿。对于理解理论、论证研究必要性、确定对文献的选择以及论证(或反驳)其发现,书籍也提供了基本的指导。然而,从定义上来讲,文献综述是基于对原始研究的分析。对于原始研究,综述人可以这样写:"琼斯和史密斯**发现**……",而对于书籍你必须这样写:"琼斯和史密斯**说**……"

内部和外部效度

具有外部效度的研究设计得出的结论适用于该研究的目标总体。一个具有外部效度的关于45岁以上航空旅客的偏好调查,意味着研
【84】究发现适用于那个年龄段的所有航空旅客。

如果一项设计可以避免非随机的误差或偏倚,该设计就是具有内部效度的。研究设计必须首先做到内部有效才能达到外部有效。文献综述时要提出的最重要的问题之一是,这项研究设计具有内部效度吗?下列各项是威胁内部效度的影响因素的列表。

内部无效:研究准确性的潜在威胁列表

√ 成熟

成熟指的是由于自然的、生理的或心理的成长而导致的个体内在变化。举例来说,在一个为期5年的针对中学生的预防性健康教育项目中,学生们可能在智力和情感上成熟起来,这种成熟对于健康行为的改变可能比项目本身更重要。

√ 选择

选择指的是人们是如何被选中参与研究的,以及当参与实验时,

他们是如何被分派到各组中去的。当每一个有资格的人或者单位都有相同的、非零的机会被选中时,选择偏倚就会最小化。

√ 历史

历史事件的发生可能使研究结果产生偏倚。举例来说,设想开展了一项鼓励人们利用预防性医疗服务的全国性活动。如果在活动期间出台了有利于预防性保健报销的健康保险法律,那么就很难将由此产生的效果与活动本身的效果区分开。

√ 测量手段

除非用于收集数据的测量是可靠的,否则就不能确保发现的准确
性。举例来说,在前测、后测或自我对照设计中,如果干预或项目后的 【85】
测量比之前的容易,就会导致过高估计干预的效果。

√ 统计回归

假设人们被选中参与一个增进宽容度的干预研究。假设选择的依据是在一项调查中测量的他们的极端观点。第二次进行这项调查(没有任何干预)时可能显示观点有某种程度的软化,但实际上这个结果只是一个统计假象。这种现象称作趋均数回归。

√ 损耗(流失)

当参与者没有完成调查的全部或部分时,就造成了数据的缺失。损耗是数据缺失的另外一种说法。人们没能完成全部研究活动的原因包括搬家、生病或厌倦,等等。有时候能在长期研究中提供完整数据的人会与不能提供完整数据的人有所不同,这种差异会使研究发现出现偏倚。

威胁外部效度的风险多与参加者或被访者被选中和指派的方式相关。举例来说,处于实验情境的被访者可能以一种非典型的方式回答调查问题,因为他们知道自己处在一个特别的实验中,这被称作“霍桑”效应。仅仅因为被访者被测试、调查或观察,就会威胁外部效度。他们可能对被期望或肯定的行为变得敏感。下表是外部无效的来源。

外部无效：需要规避的风险列表

√ 测验的反应效应

在干预前测量可能使参加者对测量目的变得敏感。假如两组中学生有资格参与一个德育项目。比如说首先调查第一组在一些道德问题上的看法，然后播放一部不同背景的年轻人面临的道德困境的电影，假设第二组学生只看电影。如果第一个小组在后测中表现更好，
【86】 这并不令人惊讶，因为该组已经通过“前测”中的问题意识到电影的目的。

√ 选择的交互效应

当干预或者项目与参与者形成一种独特的（其他地方找不到的）组合时，就会出现这种威胁。譬如说一所学校自愿参与一个改善学生闲暇活动质量的实验性项目，学校的特征（其中有些特征与其自愿参与实验的事实相关）可能与项目产生交互作用，使二者的结合成为特例；学校和干预的特殊组合限制了研究发现的适用性。

√ 创新的反应效应

有时候实验环境是如此的不自然，以至于所有的参加者都意识到特殊之处，行为举止也变得不自然起来。

√ 多项目干扰

有时候很难把实验干预的效果分离出来，因为参与者可能还参加了其他补充活动或项目。

下面的例子说明了两种不同的研究设计如何影响到内部和外部效度。

研究设计的选择如何影响内部和外部效度

1.无随机指派的同期对照

描述。“工作和压力”项目是一个帮助减轻在职压力的一年期项目。满足条件的人可以加入这个项目的两个子项目之一。为了了解是否所有的参与者都对项目质量感到满意,在年末对两组都进行了一次深度问卷调查,然后对结果进行了比较。【87】

评论。小组成员在项目之初可能就有所不同的事实对内部效度构成了潜在损害。例如“压力更大”的人可能更多选择一个而不是另一个项目。此外,因为最初的差异,损耗或者流失率也可能受到影响。组不是随机创建的,因此选择的交互效应将危害研究的外部效度。

2.有随机化的同期对照

描述。保护儿童组织(Children's Defense Trust)对改善学校表现的三种不同干预进行了评估。符合条件的儿童被随机指派到三个干预组之一,收集了基线数据并对其效力和效率进行了三年的研究。在第三年末,评价了学生在一系列变量上的表现,包括学校表现和在家及在校行为。整个研究期间孩子们都接受了密集的访谈。

评论。这种设计是有内部效度的。因为孩子是被随机指派到每个干预组中去的,任何可能与干预的影响同步发生的其他造成变化的因素会平均地影响所有三个组。要改善外部效度,需要将另一项针对其他孩子的结果与保护儿童组织的结果相比较。这一额外的比较并不能保证结果适用于第三组儿童。另外一点需要考虑的是,学校的管理者和员工可能不舍得再投入那么多的钱,因为他们知道研究涉及学习效率(创新的反应效应)。最后,我们不知道基线数据的收集是否以及如何影响孩子们的表现和访谈(测验和干预之间的交互作用)。

质量标准:抽样

什么是样本

【88】 **样本**是一个称作总体的较大群体的一部分或子集。

目标总体包括研究发现适用于或可以推广到的机构、个人、问题和系统。看一下这两个目标总体和样本。

两个目标总体和两个样本

1.目标总体:本州所有教师培训项目

项目。持续质量改进:一项旨在监控和改变教师培训质量的干预研究。质量的一个指标是学生在全州阅读和数学测验中的表现。

样本。选择了五个教师培训机构参加质量改进实验。1 年之后,对所有参加培训的老师,抽取 10%的学生样本对其阅读和数学表现进行评估。

评论。这项研究的目标针对该州所有的教师培训项目。抽取五家机构参与持续质量改进项目。为了评价项目质量,研究者抽取了 10%的学生评估其在阅读和数学上的表现。研究发现被应用于本州所有的教师培训项目。

2.目标总体:所有需要补习阅读的学生

项目。学习的选择。

样本。三个县的五所学校;每所学校 15 个班级;每个班级,至少二到五名需要补习阅读的学生。

评论。需要阅读辅导的学生是本项目的目标。研究者选择了三个县的五所学校,每所学校 15 个班级,每个班级 2~5 名学生。研究发现被应用于所有在阅读上需要特别帮助的学生。

取舍标准或合格被试

样本是适用研究发现的较大总体的一个组成部分。例如,如果一项研究计划考察一个辅导项目如何影响孩子对学校的态度,并且项目中不能囊括所有缺乏正面态度的学生,那么研究者就要决定研究重点关注何种类型的学生。研究应该集中在特定年龄段的学生身上吗?还是特定成绩等级的学生?抑或出勤记录不良者? 【89】

从文献综述人的角度出发,方法学质量的一个标志是存在清晰的取舍标准。标准不清晰意味着综述人将很难确定谁应被纳入,谁又应被排除出研究,以及研究发现适用于什么人。研究者声称自己的研究发现适用的人群或地点,只有参考有资格进入以及实际参与研究的被试或参与者的信息才能得到评估。

下面的例子是一个培养孩子对学校积极态度的项目评估的假想取舍标准。

培养学生对学校积极态度项目的影响研究的取舍标准

纳入

- 下列邮编(本例未给出)所属地区学校中的所有 6—9 年级学生
- 说英语或西班牙语的学生
- 已经参与了 E.T.(Eliminate Truancy,消除逃学)项目的学生

排除

- 所有目前处于监禁状态的学生

评论。研究者为纳入研究和研究发现可适用的学生样本设定了明确的标准。样本包括 6—9 年级、说英语和西班牙语、居住在某些邮编区域并参与了消除逃学项目的孩子。研究结果不适用于仅符合部分标准的学生;例如 6 年级,住在指定邮编区域,说西班牙语,但是**没有**参与消除逃学项目的学生。 【90】

抽样方法

抽样方法通常分为两种类型。第一种叫作**随机**或**概率抽样**,被认为是保证对项目效果及其可推广性所做推断的准确性最有效的方法。在概率抽样中,目标总体中的每个成员出现在样本中的概率都是已知的。概率或随机抽样方法要求对概率统计学有所了解;许多统计软件能进行随机抽样,但是他们的使用需要一定的统计学知识。

第二类抽样方法产生一个**方便样本**。方便抽样的参与者之所以被选中,是因为他们有时间。在方便抽样中,目标总体的一些成员之所以被选中,而其他人之所以没有被选中,是因为在抽样时他们不在场。因此,从方便样本中收集的数据可能完全不适用于目标群体。(那些在场的人可能不同于不在场的人。)举例来说,假设一位研究者希望评估一所大学的学生健康服务,为此决定访谈在 12 月 26 日到 1 月 1 日这一周内求医的 100 位学生。假设访谈了这 100 位学生,问题是在世界某些地方,12 月底往往是呼吸道病毒和滑雪意外事件多发的时期;再者,这一周许多学校是关闭的,学生们都不在校。因此得到的数据会有很大的偏倚,因为很多学生只是因为不在校而被排除在研究
【91】之外(或者如果他们生病了,未接受治疗或在其他地方接受治疗)。

简单随机抽样

在简单随机抽样中,每个被试或单位都有相同的概率被选中。因为机会平等,随机抽样被认为是相对无偏的。简单随机抽样的一种典型方式是,使用随机数表或计算机产生的一组随机数字,然后将之应用于未来参与者的名单中。

假设研究者想要使用随机数表,并且有一张 20 名心理学家的名单,要从中随机选出 10 人。名单被称作抽样框。首先,研究者会赋予每个名字一个 1 至 20 之间的数字(举例来说,亚当=1;贝克=2;汤姆斯=20),然后使用统计教科书中随处可见的随机数字表,选出 1 至 20 之间的头 10 个数字。利用某个最常见的统计程序也可以生成一组 10 个 1 到 20 之间的数字。

系统抽样

假如研究者有 3 000 名高中生的名单,要从中抽取一个 500 人的样本。在系统抽样中,3 000 除以 500 得 6,因而每隔 6 个名字选中 1 人。另一种方法是随机选择一个数字,比如说通过掷骰子的方式。假如掷出的数字是 5。那么,首先选中第 5 个名字,然后选中第 10、第 15,以此类推,直到选中 500 个名字。

如果抽样框或样本出自的名单内含着某种重复规律,那么就不应该使用系统抽样。举例来说,如果抽样框是个名单,以某些字母开头的名字容易被遗漏,因为对某些种族而言,这些名字较少出现。

分层抽样

分层随机抽样是将总体划分成亚群或者“层”,然后对每个亚群做随机抽样。举例来说,在一个教授学生问题解决技能的项目中,研究 【92】
者可以从不同年龄、成绩和自信水平的学生中抽取样本,年龄、成绩和自信水平就是层。

之所以选择分层或亚群,是因为研究者有证据显示其与因变量或结果(在这个例子中即问题解决技能)的测量有关。也就是说,研究者为综述人提供了年龄、总成绩和自信感影响问题解决能力的令人信服的数据——来自高质量文献和专家意见。

研究者如果在抽样时忽略了分层,可能导致结果的混淆。比方说文献显示不同年龄的妇女对某类健康行动计划有不同反应。如果研究者没有按照年龄分层,参加这一计划的妇女中的好坏表现就会中和,从而显示没有效果——即使确实有一个或多个年龄组从中获益。

当没有分层时,也可以采用统计技术(如协方差和回归分析)回溯性地(在资料收集完成后)校正因变量或者结果的混杂因素(“协变量”)。一般来说,通过抽样预先控制混杂变量要好于事后分析校正,原因是统计校正要求数据性质符合非常严格的假设,这种假设可能是抽样方案未予满足的。很少例外的是,使用事后统计校正会减弱发现真实差异的效力。

整群抽样

整群是自然形成的群体,如学校、诊所、社区服务组织、城市、州,等等。在整群抽样中,总体被划分为大块。大块可以是随机选择和指派的,其构成也可以是随机选择和指派的。举例来说,假如说 10 个县正在开展一个改善选民登记情况的项目;对照项目是传统项目。对于整群随机抽样而言,每个县就是一个整群,每个县都可以被随机选择
【93】 或随机指派到新项目或传统项目。

方便抽样

方便样本的选择概率是未知的。研究者使用方便抽样是因为样本易于取得。这意味着有些人只是因为他们不在场而完全没有机会被选中。除非能以其他方式证明(例如通过统计方法),否则这种样本被认为是有偏的,或者不能代表目标总体。

抽样单位

抽样中的一个主要担心是抽样“单位”和统计分析“单位”的潜在不一致。举例来说,假设一个研究小组希望了解一家拥有五个分院的医疗机构的病人满意度。研究者调查了最北面分院的 6 000 位病人和最南面分院的 5 000 位病人。根据对这两个分院的调查结果,研究者报告这家医疗机构的病人对他们获得的医疗服务极为满意。例如,调查结果显示,11 000 位病人中,将近 98%的人认为他们得到的服务等同于或好于他们接受过的任何其他服务。该医疗机构对这一结果感到很欣慰。

由于该研究没有考虑抽样单位和数据分析单位的不一致,文献综

述人必须对这项研究的结果保持谨慎。在上述例子中,抽中了两个分院(抽样单位),但是数据分析针对的却是 11 000 位病人(分析单位)。因为只抽取了五个分院中的两个作为样本,所以你不能够确定这两个分院是否不同于其他 3 个分院,因此你的样本量是 2,而不是 11 000。较好但也比较难于实现的策略是从所有的五个分院中抽取 11 000 人。

可以用统计方法来“校正”抽样单位和分析单位的不一致。适当的时候,要检查是否存在抽样和分析单位的不一致以及如何处理这种不一致。由于校正聚类的分析方法较为复杂,你可能需要查阅相关的统计学书籍。【94】

样本量

样本量的重要性有几个理由。小样本可能无法包含研究中应该包含的多种多样的人或项目,也可能无法检验出人多时才能显现的效果。一项研究检验效果的能力是其效力(power)。一种称作效力分析(power analysis)的统计方法可以给出检出效果(如果这种效果真实存在的话)所需的最小样本量。一种最常用的研究设计是比较两个随机指派的组,以找出他们之间存在的差异。“在提高满意度、生活质量、阅读能力、数学成绩、艺术表现、心理健康、社会功能方面,项目 A 与项目 B 是否存在差异”,这就是个非常典型的研究问题。要正确地回答这个问题,研究者在研究设计时必须使每个项目组都包含数量充足的被试,这样如果确实存在差异的话才能被检验出来。相反,如果两组间没有差异,研究者也不会得出有差异的错误结论。

研究者可以采用统计方法确定能够检出真实效果的最小样本量。实验研究的效力是其检出真实差异的能力,换句话说,检出给定大小(如 10%)的差异,如果差异真实存在的话。许多发表的文章都没有给出效力的大小,因此如果没有观察到差异,问题可能是样本不够大,致使组间差异即使存在也检验不出来。

回答率

回答率是被测量或被观察或做出回应的人数(分子)除以应回答者的人数(分母):

【95】 $$回答率 = \frac{回答人数}{应回答人数}$$

所有研究都期望有高的回答率。但是并不存在一个标准帮助文献综述人判断这个目标是否实现,以及回答率不高对研究结果的影响程度如何。

考虑两个例子。在第一个例子中,50%的应回答者完成了一个健康调查的所有项目。在第二个例子中,100%的应回答者做了回答,但是他们只完成了大约 50%的调查项目。

无回答:被试和项目

1.50%的应回答者完成了全国健康访谈调查。卫生官员认为没有参加调查的 50%的人在健康需求和人口统计学特征上可能不同于参加者。

2.根据统计估算,难民事务委员会(CORA)的邮寄调查需要 100 个样本。基于早先邮寄的结果,预期拒绝率为 20%~25%。为了以防万一,寄出了 125 份调查表。120 人做了回答,但是他们平均只回答了不到一半的问题。

在上述第一个案例中,50%的符合条件的居民未完成面访。这些无回答者在健康需要、收入和教育方面可能非常不同于做出回答的那 50%的人。当无回答者和回答者在一些重要因素上存在差异时,被称为无回答偏倚。无回答偏倚可能严重损害一项研究的可推广性(外部效度),这是因为原本预期研究发现能够适用于一个相对广泛的群体,但实际上却只适用于回答者或同意参与的人。综述人应该对未说明无回答后果的研究保持警惕。应该提出这样的疑问:符合条件的人当中有多少参加了？无回答的原因是什么？回答者与无回答者有何差异？无回答是否影响了研究的内部和外部效度？

除了无回答的人之外,无回答的项目也会带来偏倚。当回答者没 【96】
有完成测试的所有项目时,就会出现项目无回答。这种类型的偏倚常常发生在回答者不知如何回答或拒绝回答某些问题时,这是因为他们无法回答(如不能理解问题)或者认为这些问题是敏感的、尴尬的或无关的。

可以采用统计方法来对整个调查或某些项目的无回答做出校正。方法之一就是“加权”。假如一个调查想要比较年轻的(年龄不到 25 岁)和年长的(26 岁及以上)的大学生在职业目标上的不同。查阅学校档案显示年轻的学生占总体的 40%。虽然希望达到 40%,但是实际只完成 20%。使用统计方法,20%回答率能够被加权为等同于 40%的回答率。结果的准确性取决于年轻回答者与无回答者的回答相似性和与年长者回答的差异性。

另外一个校正无回答的方法被称作插补(imputation)。通过插补,使用其他项目的回答作为补充信息,可以为缺失的回答赋值。科学的研究会详细说明如何处理缺失值以及缺失值对结果的影响如何。

当综述研究设计和抽样方面的研究质量时,可以使用下面的一览表。仅对某一项文献综述而言,这个一览表的范围也许显得过于宽泛,因而你需要结合具体情况来决定需要回答哪些问题。

评估研究设计及抽样质量的一览表

√ 如果研究涉及的组不止一个,参加者是否被随机分配到每一组中？

√ 参加者是否在一段时间内被多次测量？如果是的话,是否对观察次数做出了解释和说明？

√ 如果观察或测量是多次的,是否对时间段的选择和影响做出了 【97】
说明？

√ 任何参加者都是“盲选”到所属的分组(实验组或对照组)中去的吗？

√ 如果采用了历史对照组,其选择是否得到解释和说明？

√ 样本的选择、对等性和参与情况对内部效度的影响是否得到解释?

√ 样本的选择、对等性和参与情况对外部效度(推广力)的影响是否得到解释?

√ 如果进行了抽样,被试是随机抽取的吗?

√ 如果抽样单位(如学生)不是主要关注的总体(如老师),这在分析或讨论中是如何解决的?

√ 如果抽样采用的是非随机抽样方法,是否给出了样本与目标总体(从中抽取了样本)或与研究中的其他组相似的证据?

√ 如果各组一开始就是不对等的,这个问题在分析或解释中是否得到了解决?

√ 设立了纳入被试的标准吗?

√ 设立了排除被试的标准吗?

√ 样本量是合理的吗?(如给出效力指数)

√ 是否给出了目标总体的规模和特征的信息?

√ 如果使用了分层抽样,层的选择是合理的吗?

√ 是否给出了目标总体中符合参与研究条件的被试的数量和特征信息?

√ 是否给出了符合条件且同意参与的被试的数量和特征信息?

【98】√ 是否给出了符合条件但拒绝参与的被试的数量和特征信息?

√ 是否给出了在完成数据收集前退出或者流失者的数量和特征信息?

√ 是否给出了完成数据收集者的数量和特征信息?

√ 是否给出了数据缺失者的数量和特征信息?

√ 是否给出了数据缺失的原因?

√ 是否给出了个体或者小组退出的原因?

要点小结

高效的文献检索总是需要经过两道筛选程序。第一道筛选主要是从实用的角度。它被用来寻找那些与主题相关的、以能懂的语言写成的和发表在受推崇杂志上的研究。第二道筛选是从方法学质量的角度,用来查找那些最符合科学家和学者赖以收集良好证据的方法的研究。你必须同时使用这两种筛选方式才能保证综述的相关性和准确性。

- 典型的文献综述检索实用筛选标准包括:
  出版语言
  杂志
  作者
  背景
  参加者
  项目或干预类型
  研究设计
  抽样
  发表日期
  数据收集日期
  数据收集的持续时间
  内容(主题、变量)
  资助方
- 方法学品质指的是,为了达成目标,一项研究被设计和执行的优秀程度——即科学程度。越是高质量研究越符合严格的研究标准。【99】
- 一项研究的研究设计指的是其被试或参加者——学生、病人和客户——是如何被组织和测量的。传统上将研究设计划分为实验或观察两类。
- 以下是典型的实验设计:

随机指派分组的同期对照或真实验。**同期**指的是各个组是同时形成的。当 500 名学生被随机指派到实验组,与此同时,500 名指派到对照组,此即为随机指派的同期对照(每个小组同时形成)。这种设计也被称作简单随机对照试验或真实验。

参与者非随机指派分组的同期对照或准实验。也被称为非随机对照试验、准实验或非对等对照。当孩子们因为居住在城市 A 而被指派到一个实验性的课余项目,因为居住在城市 B 而被指派到另外一个对照项目,此即为准实验或非随机试验。

自我对照。这种需要前测(也称前试)和后测(也称后试)的设计也被称为纵向或前—后或前试—后试设计。举例来说,如果对参与一项新健身计划的员工在参与计划后 6 个月、1 年和 2 年后进行多次身体检查,那么这项研究就是纵向的。

历史对照。以"标准数据"为基准进行组间对比。因为来自既存数据库,所以标准数据是历史性的。举例来说,当研究者对一个改善员工血压水平的项目进行评估,使用标准的正常血压表监控改善情况,那么这就是一项使用历史对照的研究。

- 观察设计提供关于业已存在的群体或现象的信息。观察研究比实
【100】验研究的研究者有"较少的控制"。由于这一原因,观察设计被认为不如实验设计严谨。以下是典型的观察设计:

  队列。这种设计提供特定总体的变化的数据。假如在 2000 年,2004 年和 2008 年各进行一次参加奥运会的运动员的愿望调查,这就是队列设计,而队列是 2000 年参加奥运会的运动员。

  案例对照。这种研究帮助解释一种当前现象,至少包含两个小组。当你分别调查一个患有心脏病的样本和一个未患心脏病的样本的病历时,采用的就是案例对照设计。

  截面。提供某一特定时点上的描述或调查数据。一个美国选民当前选择的调查就是截面研究设计的例子。

- 如果一项设计可以避免非随机的误差或偏倚,该设计就是具有内部效度的。研究设计必须首先做到内部有效才能达到外部有效,进而得出准确的发现。文献综述时要提出的最重要的问题之一

是,这项研究设计具有内部效度吗?下列各项因素威胁内部效度:

√ 成熟。成熟指由于自然、生理或心理的成长而导致的个体内在变化。

√ 选择。选择指人们是如何被选中参与研究的,以及当他们参与的是一个实验时,是如何被分派到各个组去的。

√ 历史。历史事件是研究进行期间发生的外部力量,它可能会对研究的进展和结果造成干扰。

√ 测量手段。除非用于收集数据的测量是可靠的,否则就不能确保发现的准确性。

√ 统计回归。一种很高或很低的值趋向均值或平均数的趋势:一种统计假象。【101】

√ 损耗。当参与者没有完成调查的全部或部分时,就造成了数据的缺失。损耗是数据缺失的另外一种说法。

- 具有外部效度的研究产生的结果能够适用于研究的目标总体。
- 威胁外部效度的风险多与参加者或被访者被选中和指派的方式相关。举例来说,处于实验情境的被访者可能以一种非典型的方式回答调查问题,因为他们自知处于一个特别的实验中。仅仅是因为被访者被测试、调查或观察,就会威胁外部效度。他们可能对被期望或肯定的行为变得敏感。下面是外部无效的来源:

√ 测验的反应效应。在干预前测量可能使参加者对测量目的变得敏感。

√ 选择的交互效应。当干预或者项目与参与者形成一个独特的组合(一个其他地方找不到的组合)时,就会出现这种威胁。

√ 创新的反应效应。有时候实验环境是如此的不自然,以至于所有的参加者都意识到其特殊之处,因此行为举止也变得不自然起来。

√ 多项目干扰。有时候很难把实验干预的效果分离出来,因为参与者可能还参加了其他补充活动或项目。

- 抽样方法通常分为两种类型。第一种叫作随机或者概率抽样,被认为是能够保证对项目效果及其推广性所做推断准确性的最好方法。在概率抽样中,目标总体中的每个成员出现在样本中的概率都是已知的。很少有研究采用真正的概率抽样。第二类抽样方法产生一个方便样本。方便抽样的参与者之所以被选中,是因为能够让他们参与研究。在方便抽样中,目标总体的一些成员被选中,而其他人之所以没有被选中是因为在抽样时他们不在场,因此从方便样本收集的数据可能完全不适用于目标群体。

- 以下是各种抽样类型:

  简单随机抽样。在简单随机抽样中,每个被试或单位都有相同的
【102】机会被选中。因为机会平等,随机抽样被认为是相对无偏的。

  系统抽样。假如研究者有 3 000 名高中生的名单,要从中抽取一个 500 人的样本。在系统抽样中,3 000 除以 500 等于 6,因而每相隔 6 个名字选中 1 人。

  分层抽样。分层随机抽样是将总体划分为亚群或者“层”,然后对每个亚群做随机抽样。

  整群抽样。整群是自然形成的群体,如学校、诊所、社区服务组织、城市、州等。在整群抽样中,总体被划分为大块。大块可以是随机选择和指派的,大块的构成也可以是随机选择和指派的。

  方便抽样。方便样本的选择概率是未知的。研究者使用方便抽样是因为样本易于取得。这意味着有些人完全没有机会被选中,只是因为他们不在场。除非能以其他方式证明(例如通过统计方法),否则这种样本被认为是有偏的,或者不能代表目标总体。

- 一项研究检验真实存在的效果的能力称为效力(power)。一种称作效力分析(power analysis)的统计方法可以给出检出效果所需的最小样本量,如果这种效果真实存在的话。

- 回答率是做出回应的人数(分子)除以应回答者的人数(分母):

$$\text{回答率} = \frac{\text{回答人数}}{\text{应回答人数}}$$

练 习

1.社区家庭中心(the Community Family Center)有 40 个独立的辅导小组,每个小组有大约 30 名参加者。中心主任开展并且报告了一个提高活动出席率的实验。从所有群体成员中随机抽取个体对这个 【103】
实验而言是不可能的,因为那会导致碎片化和破坏某些群体的完整性,因此随机选择了 5 个群体(150 人)参与实验,另外 5 个群体继续接受传统辅导。每隔 3 个月,中心主任比较实验组和对照组中所有人的出勤情况。比较和评论抽样和分析单位。

a.采用了何种抽样方法?

b.比较和评论抽样和分析的单位。

2.医疗小组开发了一种预防中风的计算机交互教育干预方法。为此开展了一项研究,以比较计算机干预与向 45—75 岁之间的人分发书面材料的传统方法的区别。研究属于同期对照的实验。310 名符合条件者中,140 人在 45 到 60 岁之间,其中 62 人为男性。剩余 170 人年龄在 61 到 75 岁之间,其中 80 人为男性。研究者从这 4 个子群体中分别随机抽取了 40 人,并且每 2 人中随机指派 1 人到计算机干预组,其他的加入对照组(书面材料)中。

a.采用了何种抽样方法?

b.你认为可以采用何种标准筛选被试?

c.给出抽样方案。

3.200 名青少年辅导员报名参加了一个继续教育项目,不过只有 50 人参与了对该项目影响的评估。每个参与者被赋予一个 001 到 200 之间的数字,然后使用随机数表生成的 3 位随机数列按列向下取出 1 到 200 之间的头 50 个数字,由此抽出 50 个人名。

a.采用了何种抽样方法?

b.回答率是多少?

4.下列研究的研究设计是什么?对其内部和外部效度的威胁是什么?

研究 A.ABC MicroLink 公司开展了一个为其雇员提供照料年迈
【104】 双亲的各种选择的实验项目。人力资源部访谈了所有雇员,以了解他们从项目中学到多少以及是否准备亲身实践。

研究 B.ALERT 项目中的青少年自愿选择参加三个为期一个月的康复项目中的一个。收集了他们在参加每个项目前后的知识和自信数据。

答　案

1a.整群抽样

1b.抽样单位是一个"小组",因此有五个单位或小组。这一分析比较了实验组的 150 人和对照组的 150 人的平均出勤率。影响结果准确性的一个问题可能是一个或多个小组具有特殊性(如更团结、更合作、更聪明)。

2a.分层随机抽样

2b.年龄必须在 45 到 75 岁之间。一定要愿意出于教育目的使用交互式计算机。

2c.抽样方案

总体

	年　龄	
	45—60	61—75
男性	62	85
女性	78	88

样本

	年　龄	
	45—60	61—75
男性	40	40
【105】 女性	40	40

3a.简单随机抽样

3b.50/200 或 25%

4.**研究** A.截面设计。**截面设计**的内部效度可能受到几乎所有可能的威胁的影响。举例来说,历史事件(如关于年迈双亲照料的新立法)可能和项目同时发生,而且这类事件可能与项目本身相比具有同样或更大的影响力。选择可能威胁内部效度,这是由于参与和完成所有研究活动的样本的特质造成的。因为截面设计的内部效度不高,所以你难以指望其产生外部有效的结果。**外部效度**可能会受到创新的反应效应的影响。

研究 B.队列设计。选择是威胁**内部效度**的可能风险,因为两组参与者可能在项目之初已经有所不同。例如更为自信的青少年可能更倾向于选择某一项目而不是另一项目。另外,两组成员的流失可能是不同的。**外部效度**的风险包括创新的反应效应、选择的交互效应以及可能的多项目干扰。

推荐读物

Agency for Healthcare Research and Quality.(2002, April).*Systems to rate the quality of scientific evidence* (Pub.No.02-EOI6).Available at www.ahrq.gov

Bailar, J.C., & Mosteller, F.(1988).Guidelines for statistical reporting in articles for medical journals.*Annals of Internal Medicine*, *108*, 266-273.

Brink, P.J., & Wood, M.J.(Eds.).(1998).*Advanced design in nursing research*.Thousand Oaks, CA.Sage.

Burnam, M. A., & Koegel, P (1988). Methodology for obtaining a representative sample of homeless persons: The Los Angeles skid row study.*Evaluation Review*, *12*, 117-152.

Campbell, D.T., & Stanley, J.C.(1963). *Experimental and quasi-experimental design for research*.Chicago: Rand-McNally.

Cohen, J.(1988).*Statistical power analysis for the behavioral sciences* (2nd ed.).Hillsdale, NJ: Lawrence Erlbaum. 【106】

Cook, D.C., & Campbell, D.T.(1979).*Quasi-experimentation. Design and analysis issues for field settings*.Boston：Houghton Mifflin.

Creswell，J.W.(2008).*Research design：Qualitative，quantitative，and mixed methods approaches* (3rd ed.).Thousand Oaks，CA.Sage.

Dawson，B.，& Trapp，R.G.(2001). *Basic and clinical biostatistics* (3rd ed.).New York：Lange Medical BookslMcGraw-Hill.

De Vaus，D.(2002). *Research design in social research*.Thousand Oaks，CA.Sage.

Henry，G.T.(1990).*Practical sampling*.Newbury Park，CA.Sage.

Hulley，S. B.，Cummings，S. R.，Browner，W. S.，Grady，D.，Hearst，N.，& Newman，T.B.(Eds.).(2001).*Designing clinical research* (2nd ed.，chaps.5 and 6).Philadelphia：Lippincott，Williams & Wilkins.

Kazdin，A. E.(1998).*Methodological issues and strategies in clinical research* (2nd ed.).Washington，DC：American Psychological Association.

McIntyre，A.(2008).*Participatory action research*.Thousand Oaks，CA.Sage.

Riegelman，R.K.，& Hirsch，R.P (1996).*Studying a study and testing a test：How to read the health science literature*.Boston：Little，Brown.

【107】 要找样本量软件，使用你最喜欢的搜索引擎并键入“样本量”。一个特别有用的网站是 www.surveysystem.com。

3 检索及筛选

方法学质量

（第二部分——数据收集、干预、分析、结果和结论）

本章目的

文献检索可能发现相关主题的数百项研究，但是只有一些——可能只是少数——在方法上足够严谨，可以提供可信赖的数据。一项研究的方法严谨程度取决于有效的数据收集、适当的统计分析、正确的结果报告以及合理的解释和结论。

本章界定了有效和可靠的数据收集并给出例证，以及评估一项研究的统计和/或定性分析的适当性的标准。本章还提供相关技术，用以判断数据收集和分析的报告结果是否与研究目标直接相关，以及结论是否与结果相符。因为你们可能会综述包括干预或者项目的研究，所以本章提供了评估它们是否被充分描述的标准。

本章还给出了评估数据收集、干预描述、分析方法、结果和结论的一览表。为综述定性研究提供了一张特别的一览表。

图 3.1 显示了开展研究文献检索的步骤。本章涉及阴影部分的区域：对研究的数据收集、干预、分析、结果和结论进行方法学上的筛选。

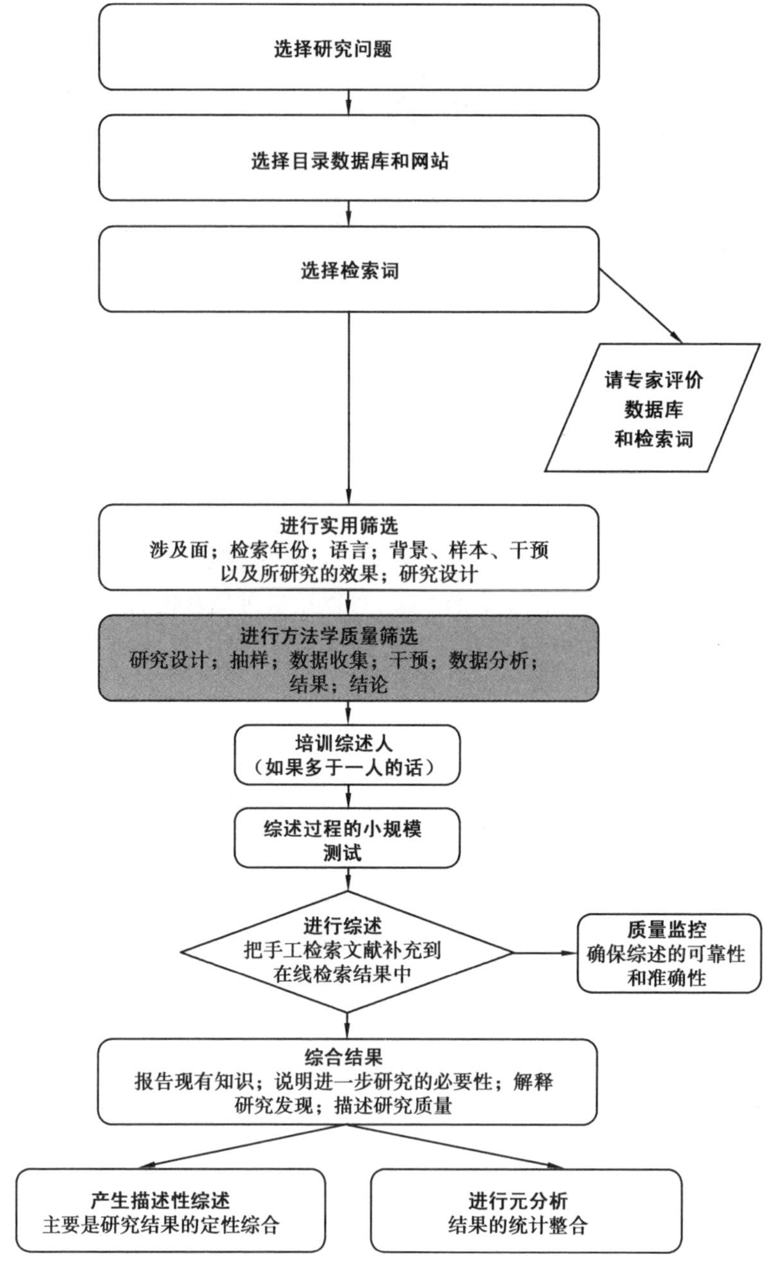

【111】 图 3.1 开展研究文献综述涉及的步骤

数据收集和数据来源：方法和测量

数据收集是研究的灵魂。所有研究的效度或者“真实性”取决于准确的数据。身为文献综述者，你的主要职责之一是评估研究数据的质量。对于你综述的每项研究提出下列问题：收集数据的方法是什么？数据是否来自可信和相关的来源？数据明显是可靠、有效的吗？ 【110】

研究者使用多种方法收集数据。包括开展成绩测验、问卷调查、面访和电话访谈；分析大型数据库（如学校的招生数据）或重要的统计数字（如婴儿死亡率）；观察个体和小组；查阅文献和个人、医疗、财务及其他统计记录；做身体检查和实验室测试；使用模拟临床场景或表现测试。综述人必须学会评估这些方法的特性，评判综述的每项研究的效度。数据收集方法的效度指其准确性。

考察下面两项研究在数据收集上的选择。

研究 1.医疗照护质量和哮喘患儿

问题。与对照组患儿相比，参加 ACTO（Asthmatic Children Take Over，哮喘患儿照管）项目是否给实验组哮喘患儿的照护质量带来了具有统计学和临床意义的改进？

数据收集需求	可能的数据来源和测量
1.寻找实验组和对照组的孩子	1.身体检查、病历查阅、医护工作者和病人调查
2.测量医疗照护的质量	2.病历查阅、医护工作者和病人调查

研究 2.生活质量

【112】 **问题**。和传统项目相比，参与健康老龄化中心的项目是否因社会交往的扩大而改进了老年人的生活质量？

数据收集需求和可能的数据来源

数据收集需求	可能的数据来源
1.寻找实验组和对照组的老人	1.实验组和对照组参加者的名单或 ID 号
2.测量生活质量，特别是社会交往	2.通过调查了解参加者社会交往的特征和范围；调查其家庭、朋友和医疗提供者；查阅病人日记；观察参加者的每周活动

研究 1 关心的是“照护质量”，而研究 2 感兴趣的是“生活质量”。这二者是**结果**或**因变量**。在两项研究中，研究者关心的都是特定项目或者干预（ACTO 或健康老龄化中心项目）对这些变量的影响。这类干预被称作**预测变量**或者**自变量**。一个变量也就是一项研究中感兴趣的一个因素或一项特征，对于不同的被试有不同的取值。一个预测变量是一个可能影响结果的因素（诸如项目参与、年龄、教育、目前身体和心理健康状况）。

回答研究 1 中关于照护质量和哮喘患儿的问题需要完成至少两项任务：寻找哮喘患儿并将他们指派到实验组和对照组中去。通过身体检查、病历查阅、医护人员和病人调查可以找出哮喘患儿。测量哮喘照护质量的数据可以来自病历查阅或者医护人员调查。

对于第二项研究，可以通过查阅包含名单和号码在内的抽样记录来寻找实验组和对照组的人。要测量社会联系，研究者可以调查和观察参与者，要求他们保存其活动的记录或者日志，并调查参与者的朋友、家庭和医疗提供者。

没有哪种数据收集方法天生就比其他方法更好或更占优势。采用哪类方法取决于研究的需要和资源。举例来说，如果研究者想要比较几个国家的人们的想法，网络调查就比邮寄问卷更可取。在研究有 【113】
阅读或视力障碍的人时，研究者应该采用访谈而不是自填问卷。

也有很多时候是根据实用性而不只是质量选择数据收集方法。举例来说，假设你对了解生活质量感兴趣，并综述了两项相关的研究。第一项研究依赖面对面访谈，因为研究者相信由熟练人员访谈是获取个人信息的最好方式。此外，研究者有资源训练他们的面访人员以获取令人满意的数据。

第二项生活质量研究采取另外的方法，通过电子邮件和“蜗牛信件”*寄送自填调查表。第二项研究的研究者认为人们私下回答问题时才会最诚实。然而决定他们的数据收集方法选择的一个主要因素是，自填问卷调查的成本要低于面谈。哪一个方法比较好？面谈还是自填问卷调查？实际上你无法通过这些有限的信息做出回答。当文献综述人批判性地检查一项研究的数据收集时，决定性的因素不是方法和测量，而是测量是否提供了**可信**和**有效**的数据。

信度

可信的数据收集方法是那种能够相对避免“测量误差”的方法。由于这种误差的存在，个人得分往往不同于其真分数（真分数只能通过完美的测量才能获得）。测量指的是调查、测验、查阅病历、观察、体检，等等。是什么引起了误差？在某些案例中，误差来自测量本身：测量可能是难于理解的或执行不佳的。举例来说，如果自填问卷对问卷完成者的阅读水平要求太高，就会带来不可信的结果。如果阅读水平 【114】
合适，但指导语不清晰，这种测量无论如何都是不可靠的。即使语言是简单的、指导语是清晰的，仍可能存在误差，因为误差也可直接来自于人本身。举例来说，如果请牙科候诊室的人完成一个问卷，而他们非常焦虑或者疲劳，其得分就可能不同于他们的真分数。

信度经常被分为四种类型：测验—再测信度、等值信度、同质性信

* 指传统的寄信方式。——译者注

度和评分者间及内部信度。

测验—再测信度指的是前后多次测量得分之间的高相关性。假设两次观察了学生在操场的行为:第一次在四月,第二次在五月。如果调查是可靠的,并且没有引入特别的项目或者干预改变行为,一般说来我们预期行为将保持一致。建立测验—再测信度在概念上的主要困难是确定两次测验之间的间隔。如果时间太长,外部事件(人们的成长和习得)可能影响第二次测试的反应。如果时间太短,回答者可能还有记忆,因而只是重复第一次测量的回答或行为。从文献综述者的角度来看,研究者对信度测验之间的间隔做出解释和说明总是可取的。

等值或复本信度指的是两种评估以相同难度测量相同概念的程度。假设学生在参与新计算机技能课程前接受一次成绩测定,2 个月后课程结束时再测定一次。除非两次测验难度相同,否则第二次测验中的良好表现,可能只是因为这次测验的难度较小,而非因为技能的提高。在综述采用前测和后测或自我对照研究设计的研究时,要寻找测量对等性方面的证据。同时,因为这种信度方法需要两次测量,因此要检查对时间间隔适当性的解释和讨论。

作为建立同种测量的两种形式之间对等性的替代性方法,研究者有时计算折半信度(split-half reliability)。为此需要把同一测量分为两
【115】等分(或可互换的两种形式),然后计算这两半之间的相关系数。如果这两半的难度不同就会出现问题。然而因为只需做一次测验,至少排除了测试之间的时间间隔问题。

同质性指的是所有题项或者问题评估相同的技能、特性或质量时的一致性。有时,这种类型的信度也被称为内部一致性(internal consistency)。经常通过计算克隆巴赫系数(Cronbach's coefficient alpha),即每个条目与总分之间相关系数的平均值来确定同质性程度。相关系数是对同一主题的两种测量之间线性关系的度量。举例来说,你可以计算身高与体重之间的相关系数,或者上学年数和每个月课外书阅读量之间的相关系数。相关系数的取值从 +1(完全正相关)到-1(完全负相关)。相关系数为 0 表明没有关系。如果研究者想要了解一份学生满意度问卷中的条目之间的相关程度,就需要报告同质性检

验的结果。

当综述文献时,要找一下所有主要变量的定义,以及测量这些变量的问题或条目在对变量的评测方面是否具有一致性。

评分者间信度指的是两个或者更多人在一个条目的测量上的一致程度。假如两个人被派到产前检查诊所观察等待时间、候诊室和检查室的环境及气氛。如果所有观察者在所有项目上都完全一致,那么评分者间信度就是完美的。通过对数据收集者的培训,为他们的观察记录提供指导,以及持续监督数据收集的质量,就可以提高评分者间信度。**评分者内部信度**指的是同一个人在不同时点测量的一致性,评分者内部信度也可以通过培训、监督和教育得以提高。

可以使用 kappa(κ)统计值来衡量评分者间的一致程度以及同一评分者不同时间评分的一致程度。作为综述者,追求较高(如 0.60 以上)而非较低的 kappa 值是重要的。(关于 kappa 值的更多信息参见第 4 章。)

效度

效度指的是一个测量能够测出它期望测量的事物的程度。举例 【116】
来说,一项要求学生**回忆**信息的测试不会被认为是对其**应用**信息能力的有效测量。同样地,对于一项态度调查,除非你能证明被认为在调查中表现出积极态度者,在某些能够观察到的方面不同于被认为具有消极态度者,否则这项调查不能被认为是有效的。

内容效度指的是一个测量完整并且恰当地测出它期望测量的技能或特征的程度。举例来说,如果研究者希望提出一个心理健康测量工具,他首先必须定义这个概念(什么是心理健康?什么是心理健康的界定性特征?),然后找出一种测量工具以充分地测量这个定义所有的方面。由于这一任务的复杂性,经常需要通过查阅文献获得定义所出的模型或概念框架。在建立内容效度时常会看到这样的表述:"我们采用 XYZ 认知理论来选择心理健康的项目,采用 ABC 角色模型范式来确定有关社会关系的问题。"

表面效度指的是测量表面上看上去是否有效:它看上去是不是提

出了所有必需的问题？它是否为此使用了适当的语言和语言水平？与内容效度不同的是，表面效度不依赖现有理论的支持。

效标效度包含两个亚类：预测效度与同时效度。

预测效度指的是一个测量预言未来表现的程度。一项能够预言谁会在研究生院有好的表现的研究生院入学考试（例如根据分数衡量）被认为是具有预测效度的。

当两个评估相一致，或者一个新的测量与一个已经公认有效的测量相一致，这就说明具有**同时效度**。举例来说，为建立新的能力倾向测验的同时效度，研究者可以对同一群被试分别采用新的和较老并已被证实有效的工具进行测量，然后比较两者的得分。或者研究者也可
【117】以对被试采用新测验，然后将其得分与专家对学生能力的判断相比较。新测验分数与效标测量（老的已被证实有效的测验）分数的高相关性意味着新测验具有同时效度。当新的测量宣称自己比老测量更简洁、更便宜或者更好时，建立同时效度的尝试就是有用的。

建构效度是由实验方法建立的，用以表明一种测量能否区分具有或不具有某些特征的人。举例来说，如果一位研究者声称一项关于教师是否胜任教职的测量具有建构效度，就必须证明那些在测验中表现好的教师比表现不好的教师更胜任。

通常至少可以采用两种方式建立建构效度：

1.研究者假设新测量与对类似特征的一或多个测量相关（聚合效度），而与对不同特征的测量无关（鉴别效度）。举例来说，一位研究者为了论证一种新的生活质量测量工具有效，可能提出它与另一种生活质量测量工具、一种功能测量工具和一种健康状况测量工具高度相关（“聚合”）；同时，该研究者会假定新测量工具与选定的关于社会赞许性（一种展现自我正面形象的反应倾向）和敌意的测量无关。

2.研究者假定测量能够在一些重要的变量上区别不同的小组。举例来说，对同情的衡量应该能够显示出得分高的人更具同情心，而得分低的人更冷漠。这就需要将一个同情行为的理论转化成可测量的问题，以（根据理论）识别具备和缺乏恻隐之心的人，并且证明这一测量能够一致且正确地区分这两个组。

要评估研究的数据收集的信度和效度，可以使用这张一览表。

评估数据收集的信度和效度所用一览表

√ **是否详细介绍了数据收集方法?**

- 定义所有主要变量。
- 提供关于测量类型、内容和长度的信息。
- 解释两次测量之间的间隔并论证其合理性。 【118】

研究者应该定义所有主要变量,并且提供关于测量类型(例如测试、调查)及其内容和长度的信息。如果测量超过一次(例如在干预之前和之后分别进行),检查两次测试之间的时间间隔及其对测试—再测信度的潜在影响是否被讨论。

√ **测量是可信的吗?**

仔细寻找研究报告中提供的数据具有内在一致性或测试—再测信度的证据。检查提供的数据是否具有评分者内部信度(如果研究只涉及一位观察者)或评分者间信度(如果涉及两个或者更多观察者)。

如果数据收集测量被用来获取人口统计数据(如年龄、性别和种族),信度的概念就不如效度(即获取准确答案)的概念重要。提问:对于这项研究的这一总体而言,提出的这些问题是最佳问题吗?换句话说,具有相似阅读水平、处于本国同一地区或同一年龄组等的人能够正确回答这些问题?

√ **测量是有效的吗?**

仔细考察研究报告中提供的数据的效度。如果测量工具是为本研究特别设计的,研究者是否提供证据证明他准确地测量了所关心的变量?如果测量工具是从另外一种测量工具改编而来,研究者是否能够证明现在的研究总体在重要特征(例如阅读水平、知识、疾病严重程度,等等)上与效度总体足够相似?有时研究者会在没有描述对现在研究的适切性的情况下引用一个测量工具,在这情况中,你可能必须获取原始的文章以检查其原始的效度样本。

√ **研究者是否对使用信度和效度有瑕疵的测量工具的后果做出了说明?**

【119】 你可能发现有些研究没有讨论其测量工具的信度和效度。缺少了这些信息,文献综述人不能判断研究结果是真实的还是错误的。研究者对他们的研究发现有多高的置信度?他们有没有将其结果与其他相似总体的研究结果相比较以说明其置信度的来源?你对他们的解释有多高的置信度?

干预和项目:通过综述研究文献发现什么起作用

许多研究需要对干预或者项目的绩效进行实验或做出评估。一项关于绩效研究或结果研究(也称作项目评估)的文献综述,为解决重要的社会问题提供"什么起作用"这一信息。举例来说,公共卫生部门可能希望支持一个吸引年轻妈妈接受孕期保健的扩展计划。这时不一定要设立一个新项目,卫生部门也可以对现有的孕期保健扩展干预的研究进行综述,以找出哪些项目是有效的,对哪些特定人群(例如年轻女性、高风险女性)是有效的,它们所处的背景(举例来说,社区保健背景、学校、教堂),以及项目开展的成本。根据这些结果,卫生部门就能决定是改造已有的有效项目以满足本地需求,还是设立一个新项目。

研究者、项目规划者、消费者和政策制定者之所以对这些研究的结果感兴趣,是因为可以借此对支持和采取何种干预做出明智的选择,因为已有证据表明它们是有效的。干预是达成预定目标的系统性努力,如增进知识和转变行为、态度和做法。干预可以是教育性的(如阅读项目),医疗性的(如某种手术)或与健康相关的(孕期保健扩展计划或者新的医疗服务提供制度),社会心理性的(如家庭支持会议),或与工作相关的(如勤工俭学项目)。涉及的可能是整个国家(如国家医疗保健制度),或者一间办公室、一所学校或医院中的相对
【120】 少数人。

有关项目检验和评估的研究不同于其他研究,因为它们把重心集中在有意施加的干预(而非自然过程)的结果和影响上。只有当研究者清楚地描述了计划中的干预,并且提供证据表明这一干预是在所有实验情境中以一种标准化的方式计划和执行时,文献综述者才能对这一类研究的质量做出评估。

比较项目描述的两个版本。哪一个比较好?有何遗漏?

项目描述的两个版本

目的。评估一项教师授课课程在改善高中生健康促进行为(如注意饮食和锻炼以及定期接受牙科检查)的知识、理念和信心方面的有效性。

描述 1

该课程重点在于传播有关健康促进的事实,培育健康促进理念,传授在健康促进行为方面有出色表现所必需的技能。

描述 2

本课程在连续 6 天里每天上 1 课时的课。头两节课的重点在于传播健康促进和疾病预防的事实,包括节食、锻炼和社会心理健康的好处,指导学生根据个人需要获取恰当的资源。中间两节课把重心放在帮助学生识别涉入危险健康行为的个人价值观,帮助他们(使用角色扮演法)获得促进健康行为所需的沟通技巧。最后两节课焦点在于帮助学生获取长期坚持健康行为所需的沟通技巧。编写了一本手册用于辅助教师课堂授课。这本手册是在全国各地针对与课程有关的 【121】
所有 8 个全国性考试进行的实践研究的成果。(参见手册附录可以找到有关教师培训的细节,以使授课标准化。)

第 2 个描述比第 1 个描述详细且清楚。描述里面包含的重要信息是课程的数量和内容。根据研究开展情况,编写了一本培训教师授课的教师手册,这说明实验期间的项目执行已经标准化,而且这些标准模式可被付诸实践。第二个描述也提供关于项目背景的信息:教室。两个描述都没有涉及对照或比较项目——如果有的话。对对照组的评估也应包含在对其他干预的描述中。最后，两个描述都没有告知项目开展的成本。

可以使用以下一览表来确定项目或干预描述的质量，而这种描述是评估研究的核心。

评价项目/干预描述质量的一览表

√ 是否提供了实验项目以及对照项目的具体项目目标？
√ 实验组的内容是否得到清楚描述？对照组呢？综述人从哪里能获得更多信息(网上？直接从研究者那里？)
√ 项目是否建立在某种理论的基础上(学习理论？行为改变理论？)
√ 在所有实验地点，实验项目是否按计划开展，对此是否提供了充分的信息？
【122】√ 是否提供了关于如何在非实验地点(例如通过培训)开展实验项目的充分信息？
√ 是否提供了项目及其评估的背景的充分信息？
√ 是否提供了项目参加者的充分信息？
√ 哪里可以找到有效性的证据？

信息分析：研究文献中的统计方法

文献综述人应该对统计学有基本的了解，知道如何解读文字或图表中的统计结果。这些技能将会帮助你评估每项研究的分析、结果和结论的质量。

统计方法显然是综述人需要掌握的技能中最具技术性的。不了解研究中如何分析数据，就不能对文献做出充分的评估。如果有何疑问，就需要参阅统计教科书或向专家请教。

统计方法及其目标:概述

为了帮助综述人检查统计分析的质量,经常需要了解研究者选择分析技术的过程。文章应该对分析中使用的每种方法及统计程序做出描述和说明。对不寻常或新的方法一定要给出参考文献,以便综述人能够了解更多信息。许多知名杂志依靠统计学家评估其发表的报告的质量。然而许多杂志即使有专家评审环节,却也没有特约审稿人。

如果要为一项研究选择最适当的分析方法,研究者(分析者)需要回答下面四个问题:

选择统计方法时需要回答的问题

1.研究的主要问题中包含哪些自变量和因变量?

2.测量自变量和因变量的数据是分类的(如男性人数和女性人 【123】
数)、顺序的(如高、中、低)还是连续的(如5级量表中4.8的平均分)

3.根据自变量和因变量的数量(1个或更多个)和特征(分类、连续),可以采用哪些统计方法回答研究问题?

4.数据满足统计检验的所有假设吗?(例如样本量是否足够大?是否符合"正态分布"?)

自变量和因变量

选择统计方法的第一步是识别数据类型,这些数据是对每个自变量或预测变量以及每个因变量或后果变量进行测量时产生的。一个变量是一种在总体中有差异的可测量的特征。体重是一个变量,所有称重60公斤的人具有相同的体重数字。满意度也是一个变量。不过对于满意度,必须设定分值标度并提出解释规则。举例来说,在研究A中,员工满意度的测量可能在1—100分之间,1分代表最低的满意度,100分代表最高的满意度。在研究B中,员工满意度可以通过工作年限在3年及以上的比例加以替代性的测量,并且如果这一比例达到之前设定的标准,就认为满意度是高的。

变量之所以被称作自变量是因为它们与任何干预无关。它们被用来解释或者预测后果(因变量),而后者是受到干预后果的影响的。典型的自变量包括群组成员(实验组和对照组)和如下所述的人口统计学特征(如年龄、性别、教育、收入)。

自变量还是**预测变量**,**因变量**还是**后果变量**,使用哪个术语取决于你研究的学科。健康和医疗领域的研究者经常使用预测变量和后果变量,而其他学科的研究者经常使用自变量和因变量。本书绝大多
【124】数时候使用自变量和因变量这对术语。

自变量的例子

问题。男性和女性的心脏病患病率有何差异?

自变量:性别(男性,女性)

问题。谁从参与"外界(Outward Boundaries)"项目中获益最多?男孩还是女孩?13 岁及以下的孩子还是 14 岁及以上的孩子?

自变量:性别(男孩,女孩)和年龄(13 岁及以下者,14 岁及以上者)

问题。新项目 A 中的参加者与传统项目 B 中的参加者相比,他们在完成工作任务的能力方面有何差异?

自变量:参与者(项目 A 和 B)

因变量:诸如技能、态度、知识、效率和教学质量等"后果"。

因变量的例子

问题。男人和女人的心脏病患病率有何差异?

因变量:心脏病患病率

问题。谁从参与"外界(Outward Boundaries)"项目中获益最多?男孩还是女孩?13 岁及以下的孩子还是 14 岁及以上的孩子?

因变量:收益

问题。新项目 A 中的参加者与传统项目 B 中的参加者相比,他们在

完成工作任务的能力方面有何差异?

因变量:出勤,完成工作任务的能力

自变量和因变量的测量都要依靠数据收集。以下是研究问题、自变量和因变量以及数据收集之间关系的一个例子。【125】

自变量和因变量以及数据收集

问题。项目 A 和 B 的参加者在文献综述能力方面是否存在差异?项目 A 的参加者还另外参加了一个新项目,他们的表现应该更好。

自变量:参加还是没有参加新项目

数据收集测量:出勤记录

因变量:文献综述能力

数据收集测量:表现测验

测量尺度及其数据

任何研究中的数据都可能来自三种不同的测量尺度,分别称作分类、顺序和连续尺度。相应地,三种测量尺度产生的数据被称作分类、顺序和连续数据。

分类尺度。分类尺度测量产生的数据可以归入不同的类型。

1. 你的性别是什么?(圈选一项)

男性 ………………………………………………………… 1

女性 ………………………………………………………… 2

2.列举统计方法。(圈选一项)

卡方检验 …………………………………………………… 1

方差分析(ANOVA) ………………………………………… 2

独立样本 t 检验 …………………………………………… 3

Logistic 回归 ……………………………………………… 4

典型的分类数据可以用百分比和比例加以描述(100 个人中有 50 人,或者样本的 50% 是男性)。描述其分布中心的度量是众数,或者
【126】 最经常出现的观察的数量。

顺序尺度。如果类别之间存在固有顺序,就可以说数据是在顺序尺度上取得的:

你的受教育程度?(圈选一项)

未上完中学 …………………………………………………… 1

中学毕业但未上大学 ………………………………………… 2

大学肄业 ……………………………………………………… 3

大学毕业 ……………………………………………………… 4

当所提的问题要求对你的感受如何(**极好、非常好、好、还行、差、非常差**)、你是否同意(**非常同意,同意,不同意,非常不同意**)和某种情况出现的可能性(**一定出现,或许出现,或许不出现,一定不出现**)做出评分时,通常使用顺序尺度。也可用于特征可以按等级(如**高、中、低**)、质量(**非常好、好、差、非常差**)和程度(**非常保守、比较保守、比较自由、非常自由**)进行归类的变量的数据上。

百分比和比例被用来描述顺序数据,其分布中心常被称作中位值,或者把分布分为两半的观察值。举例来说,对于顺序数据,常说“阿尔塔街景疗养院 15%的居住者中度痴呆”和“中位值的疗养院院长具有 12 年及以上长期照护经验”。中位值与 50 百分位相等,因此后面的说法意味着 50%的疗养院院长具有 12 年及以上经验,50%的经验不足 12 年。

连续尺度。当数字尺度中不同数字之间的差别有意义时,称作连续标度。举例来说,年龄是一个连续变量,体重和患某种疾病后的生存期也是。

测验和其他测量的分数通常是连续的。举例来说,在 100 个题项
【127】 的成就测验中,可以认为 90 的分数高于 50 的分数。但是 25 分是否意味着成就只有 50 分的一半?有时是这样的,但有时不是。此外,在某些研究中,较低的得分实际上更好(例如一定身高下的较低体重)。因为得分的意义并非总是明显的,研究者必须为综述人提供所有计分

系统的解释。如果不提供的话,综述人就不能够充分评估研究结果的含义。

使用平均值和标准差汇总连续测量值。有时候,顺序数据被当做连续数据分析。举例来说,如果在一个五级量表中,六个人被评为 3 级,四个人评为 2 级,则平均等级是 2.6。计算过程如下:六个人 3 级(6×3)加上四个人 2 级(4×2)等于 26,再除以 10 人等于 2.6。

统计和实际显著性

研究者经常采用统计方法确定各组之间存在的差异是否有意义或者**显著**。如果是的话,你可能会发现如下说法:“实验项目和对照项目之间的差异是统计上显著的($p<0.01$)。” $p<0.01$ 或 p 值是一个统计值,(出于各种实际目的)用来说明某种测量到的差异是由于干预而非偶然发生的。

在表 3.1 的例子中,采用常见的统计方法 t 检验来比较两个组:
“工作寻找”项目中的学生和对照组(无项目)中的学生。结果呈现在 【128】
一张表格中,这种表格很容易在典型的研究报告中看到。

表 3.1 “工作寻找”组和无项目组的前后均值(标准差)和净分数变化(N=500 名学生)

	“工作寻找”项目组学生		无项目组学生				
测量	前	后	前	后	净差值	t 值	p 值
知识	75.6(11.8)	85.5(8.8)	78.8(10.9)	81.2(9.6)	7.5	8.9	.0001*
态度	2.5(1.1)	2.1(1.0)	2.5(1.1)	2.3(1.1)	0.15	1.5	.14
表现	3.5(0.7)	3.8(0.7)	3.7(0.7)	3.8(0.7)	0.19	4.7	.0001*
信心	4.4(0.6)	4.5(0.6)	4.4(0.6)	4.4(0.6)	0.09	1.2	.22

【129】

* 统计上显著

表格显示(在“测量”列中),因变量是知识、态度、表现和信心。比较了两个项目的学生在上述方面前后测的变化。研究问题是:将“工作寻找”项目组前后的变化量与无项目组进行比较时,其差异是否足够显著？表中以星号显示了两个变量(知识和表现)的差异程度具有统计上的显著性。因为这些研究发现是显著的,研究者能够得出结论说“工作寻找”项目而非偶然性更能解释差异的存在。

统计学家检验组间不存在差异的假设——**零假设**。然后他们选择一个显著性水平和检验统计值作为显著的临界值。显著性水平——称作 alpha——预先设定为 0.05,0.01 或 0.001。最后一个步骤是计算检验统计值——*p* 值是否小于 alpha。如果小于的话,意味着零假设未被证实,它将被拒绝而备择假设得到支持,即差异确实存在。理想情况下,差异的存在能证实实验项目的有效性。当拒绝零假设而支持备择假设时,就可以说差异是统计上显著的(关于统计显著性检验的更多信息参见本章末推荐的统计学教材)。

统计显著性不同于实际显著性,这对综述人如何使用某项研究可能有重要的影响。以下说明统计显著性和实际显著性的不同。

统计显著性和实际显著性

问题。学生们在选择食品时阅读食品标签信息的知识是否有所改进？通过考察参加和未参加的学生在知识上的差异是否具有统计显著性,可以判断是否有所改善。得分的差距应该至少达到 15 分。如果分差达到 15 分,将会继续对参加者进行为期两年的研究,以确定知识保留的程度。两年过后分数应该保持稳定(没有显著的不同)。

测量。用 25 个题项的测验测量知识。

分析。以 *t* 检验比较两组学生的知识水平。再次计算分数,然后通过 *t* 检验比较前后的平均数(均值)。

【130】 在这个例子中,统计显著性的检验需要进行两次：比较同一时点参加和不参加项目的学生,以及同一批参加者前后得分的不同。此外,为了使得分具有教育学或者实际意义,约定参加者和非参加者的分值差必须达到并保持在 15 分。根据经验,研究者已经发现在

某些情形中，统计显著性有时并不能为某种干预的价值提供充分的证据。例如，对于非常巨大的样本量，即使数值（如学业成就测验的分数）的差距非常小，也可以达到统计上的显著，但这一差距却不具有很强的实际意义。在上述例子中，标准是 15 分的分差。如果分差具有统计显著性，但却只有区区 10 分，那么该项目将不被认为具有教育上的显著性。

当综述有关项目和干预评估的文献时，实际显著性和统计显著性之间的区别是需要考虑的一个非常重要的方面。你可能会综述这样的研究，其研究者根据不同时点的分差具有统计显著性就得出干预有效的结论。然而，作为综述人的你如果仔细考察研究者提供的数据，可能会发现分差非常之小，比如说只有一两分。记住：如果样本量非常大，或者测量的效度不佳，那么作为综述人，你就要对接受统计差异这一结论保持谨慎了。

统计上好的做法是报告实际值（如平均数、标准差、比例），而非只是统计检验的结果。当使用了统计检验时，应该报告实际的 p 值（如 $p=0.03$ ，而非 $p<0.05$）。如果没有实际值，一个 $p=0.06$ 的结果可能被视为“不显著”，而一个 $p=0.05$ 的结果则会被视为显著，由此可以看出使用实际值的好处。一般 p 值是 $p<0.001$，0.01 和 0.05。

置信区间

置信区间（通常和显著性检验相关）是描述组间和组中关系的标准做法。置信区间（CI）来自样本数据，未知的真实值有一定概率（如
95%）落在这个区间范围内。为什么需要一个区间？这是因为不完善 【131】
的抽样、测量误差和错误的研究设计会带来误差，导致点值（如平均分）很可能不十分准确。统计学家认为提供一个值域更准确。

举例来说，使用统计教材中的任何典型方法，组间 8 个百分点差异的 95%置信区间（95% CI）可能是在 3%到 13%之间，95% CI 的意思是未知的真实差异有大约 95% 的可能性落在这个区间内，5%的可能性落在这个区间之外。假设研究者期待的具有实际意义的最小差

异是15%，但是他或者她得到的是8%的差异($p=0.03$)。虽然具有统计显著性,但是依照研究者自己的标准,这种差异的实际意义并不大。

表3.2显示了使用95%的置信区间比较三个项目均值的结果。该表显示,对于项目A，整个区间(7.665 4到14.334 6之间)有95%的可能性包含真实的均值;对于项目B,整个区间(4.167 5到12.118 2之间)有95%的可能性包含真实的均值,以此类推。这些区间可以表示在一张图上。如果均值不重叠,就意味着存在差别。如果一组的均值被包含在第二组的区间中,则不存在差别。如果区间重叠而均值不重叠,则不肯定差别是否存在。参见图3.2。

表3.2 三个项目的比较

项 目	均 值	标准差	均值的95%置信区间(CI)
A	11.000 0	3.605 6	7.665 4~14.334 6
B	8.142 9	4.298 4	4.167 5~12.118 2
C	16.428 6	3.154 7	13.510 9~19.346 2
合 计	11.857 1	4.982 8	9.589 0~14.125 3

【132】

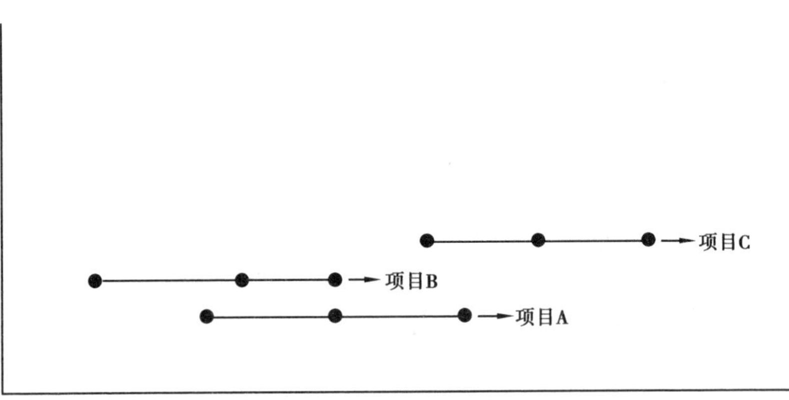

图3.2 三个项目平均结果的置信区间比较图

注:项目A的置信区间为7.67到14.33，X=11.00；项目B置信区间为4.17到12.12，X=8.14；项目C置信区间为13.51到19.35，X=16.43。

项目 B 的均值在项目 A 的置信区间里。项目 C 的置信区间与项目 A 的置信区间略有重叠。

均值的差异显而易见,因此你可以拒绝零假设(即均值是相同的)。置信区间与 p 是相关的。事实上如果你使用方差来检验均值差,就会发现 p 值是 0.002：一个具有统计显著性的差异。

哪种分析方法最好

没有哪种分析方法是最好的。有些方法比其他方法更适切,因此当你综述一个研究的分析质量时,必须确定方法的适切性。

为回答某一研究问题而选择分析方法取决于：【133】

- 自变量的数据是分类、顺序还是数值尺度的
- 自变量的数量
- 因变量的数据是分类、顺序还是数值尺度的
- 因变量的数量
- 设计、抽样和数据质量是否满足统计方法的假设(许多统计方法的使用要求你的数据满足某些条件假设。这些条件假设通常包括样本量和回答分布的“形态”。)

除非研究问题(或假设或目标)和方法得到说明,否则文献综述者无法充分地评估一项研究的方法。下面的例子说明综述人应该在研究问题、研究设计、自变量和因变量、研究设计和抽样方法、测量类型和数据分析之中寻找怎样的关系。

虽然对于数据分析并无一定之规,但是表 3.3 为常用数据分析方法的选择提供了一般的指南。(本书并不涉及统计计算,相关的统计学教材可参考文献目录。)当综述人评估一项研究的数据分析方法的适切性时,这个指南可以帮助综述者决定需要寻找哪类信息。当综述复杂的研究或者质量不详的出版物中的研究时,统计咨询可能是必须的。

例子。评估研究数据分析：问题、设计、抽样、测量和分析之间的示例性关系

问题。日间照料的质量是否令人满意？满意的含义是指项目组和对照组在日间照料质量上存在统计上显著的差异。

自变量。群组成员（参与组和对照组）

设计。采用同期对照的实验设计

抽样。符合条件的参与者被随机指派到实验组和对照组；每组
【134】有 150 名参与者（一个根据统计学要求确定的样本量）

因变量。日间照料质量

测量和数据类型。群组成员（分类型）；日间照料质量（数值型数据：数据来自日间照料调查问卷，这是一个百分制调查，其中较高的分数意味着较好的质量）

分析。两独立样本 t 检验

对分析的说明。当自变量为分类尺度、因变量为数值尺度时，这种类型的 t 检验是恰当的。在这个例子中，t 检验的假设是满足的。这些假设是每组的样本量至少为 30，两组的大小相同，两组间是独立的（如果是典型的评估设计，且数据收集工作也是高质量的，这一假设很容易满足），并且数据是正态分布的。正态分布指一组连续数据呈钟形分布，一半的区域在均值的左侧，一半在右侧。如果严重违反 t 检验的假设之一，就应该使用其他分析方法，如 Wilcoxon 秩和检验，也称为曼—惠特尼 U 检验（Mann-Whitney U test）。这一检验无需正态分布的假设。（更多信息参见本章末的相关参考文献。）

为了简明起见，本指南忽略了顺序变量。当自变量以顺序尺度测量时，统计学家经常把它们作为分类变量处理。举例来说，假如一项研究的目标是预测功能状态为好、中、差的病人参与项目的结果，就可以把好、中、差（顺序的自变量）当作分类变量。当因变量以顺序尺度

测量时,它们习惯上被当作连续变量。举例来说,如果一个营养项目中的因变量是具有不同节食动机的男人和女人的某种饮食习惯的持续时间(少于3个月,3到6个月之间和超过6个月),出于分析的目的,顺序因变量可以被当作连续变量处理。【135】

根据统计学教材或者计算机手册或通过专家咨询检查,你综述的每项研究使用的分析方法是否满足该种统计分析方法的相应假设。这些假设可能包括样本的130项特征(如"正态"分布,亦即符合对称的、钟形的概率分布)或样本量的大小。(本章末列出的统计学教材讨论了正态分布。)

检查一项研究的数据分析质量时,可以使用下列一览表。

评估研究的数据分析所用一览表

√ 研究问题的表述是否清晰?
√ 定义了自(预测)变量吗? 定义了因(后果)变量吗?
√ 研究者是否解释了对自变量和因变量进行测量所产生的数据类型(如连续的还是分类的)?
√ 是否详尽描述了统计方法?
√ 是否提供了用于数据分析的统计程序的参考文献?
√ 是否给出了选择统计方法的理由?
√ 分析的目的清楚吗?
√ 是否描述了计分体系?
√ 分析中是否充分控制了潜在的混杂因素?
√ 对自变量和因变量的操作化是否与所研究的评估问题或假设相一致?
√ 是否清晰界定了分析单位?
√ 如果采用统计检验来确定差异,是否讨论了实际显著性?
√ 如果采用统计检验来确定差异,是否给出了实际的 p 值?
√ 如果研究关注组间差异,是否给出了描述观察到的差异大小的置信区间?【136】

表 3.3　数据分析方法选择指南

抽样研究问题	数据类型：自变量	数据类型：因变量	可能的分析方法
对于有一个自变量和一个因变量的研究问题：			
实验组或对照组成员在利用或未利用精神健康服务方面是否存在差异？	分类的：组别（实验组或对照组）	分类的：精神健康服务利用（利用或未利用）	卡方检验、费舍尔精确检验、相对风险（风险比）、比值比
实验组与对照组相比在技能方面（以技能调查的得分加以测量）有何差异？	分类的：组别（实验组或对照组）	连续的（技能得分）	独立样本 t 检验
美国、加拿大和英国选民的态度（以态度调查的得分加以测量）有何差异？	分类的（超过两个取值：美国、加拿大和英国）	连续的（态度得分）	单因素方差分析（采用 F 检验）
技能调查中获得高分是否意味着在知识测验中也能取得高分？	连续的：技能得分	连续的（知识得分）	回归（当不区分自变量和因变量时使用相关分析）
对于有两个或更多自变量的问题：			
【137】实验项目和对照项目中的男女在至少参加一次家长会上存在差别吗？	分类的（性别、组别）	分类的（参加了或者未参加至少一次家长会）	对数线性（Log-linear）回归分析
知识测验得分不同的男女在至少参加一次家长会上存在差异吗？	分类的（性别）和连续的（知识得分）	分类的（参加了或者未参加至少一次家长会）	Logistic 回归分析

续表

抽样研究问题	数据类型:自变量	数据类型:因变量	可能的分析方法
实验项目和对照项目中的男女在态度(以态度调查中的得分加以测量)方面是否存在差异?	分类的(性别和组别)	连续的(态度得分)	方差分析(ANOVA)
年龄、收入和社区居住年限与态度(以态度调查中的得分加以测量)的关系如何?	连续的(年龄、收入和社区居住年限)	连续的(态度得分)	多元回归(Multiple regression)
在控制了教育水平后,实验项目和对照项目中的男女在态度(以态度调查中的得分加以测量)方面有何差异?	分类的(性别和组别),带有混杂因素(如教育)	连续的(态度得分)	协方差分析(ANCOVA)
对于有两个或更多自变量和因变量的问题:			
实验项目和对照项目中的男女在态度和知识得分方面有何差异?	分类的(性别和组别)	连续的(在态度和知识测量中的得分)	多变量方差分析(MANOVA) 【138】

结果

一项研究的结果指的是与其目标、问题或假设相关的研究发现。举例来说,如果主要研究问题是,在参加了学校的一个新项目后学生的知识水平是否有所提高,那么研究者要在这个问题上给出答案。

要留意那些掩饰否定性发现的研究结果。否定性发现指的是那些显示措施无效或疗法有害的发现。也要小心只是适用小部分样本(如 45 岁及以上且拥有自己住宅的男女)而不是适用于大部分样本(如 45 岁及以上者)的研究发现。除非较小的子样本是按照事先设定的标准在一开始就选定的,否则研究发现可能是不准确的。一些研究者不断地分析数据，直到找到某些“有趣的”东西为止。例如，对某个学校项目的整体分析表明其未能提高学生的知识水平，研究者可能不断分析数据，直到找到至少一个能证明项目成功的亚群体为止。当作者提出了此类计划外研究发现时，要确认这些仅仅是适用于亚群体的初步研究发现。

当需要评估结果的质量和有用性时，要看研究的作者是否给出了
【139】各组的回答率，以及是否描述了研究参与者相关的人口学和其他特征（诸如其健康或教育状况）。当进行了抽样时，要看研究者是否提供信息对满足条件的样本中同意参加研究者和不同意参加研究者、未完成整个项目或者未在所有题项上提供完整信息者进行比较。确保在作者的文字和相关图表之间不存在不一致的情况。

下面是评估研究结果所需的一览表。

评估研究结果的一览表

√ 研究者是否提供了参加者“流失”的信息？特别注意，研究者是否提供了研究参加者的人数？

- 评估了可能的招募方式吗？
- 随机地（或方便地）指派到组？
- 各组中哪些人被指派参与项目？
- 在各个组中都是谁完成了被指派的处理？
- 在各个组中都是谁完整地参与了研究？
- 在各个组中谁被纳入主要的分析中？

√ 描述对原定研究计划的偏离及其理由。

√ 确定招募和后续步骤的日期

√ 每组的基线或初始特征（如人口统计学特征）；任何可能影响特定研究的结果的特征（如，动机、读写水平）

√ 对于每个结果，给出每个参与小组的汇总结果。查看显现的效果大小以及该效果的置信水平（如 95% 置信区间）。

结论

一项研究的结论必须直接来自于研究中收集的数据。下面看一些例子，包括“阅读”项目（一门中学阅读课程）和 DevSoft 公司的一个健身计划。

结论：它的基础是什么？

项目：“阅读”

“阅读”，作为一门创新性中学阅读课程，被引入阿伯丁市的所有 12 年级的班级中。所有 12 年级学生中有大约 5 642 名（90%）完成了为期两年的项目。项目的成功程度是使用标准的阅读能力测验、图书馆使用情况和学生、老师、父母调查加以测量的。5 642 名学生中的将近 50%以教育学上有意义的方式提高了阅读能力得分。图书馆使用在第一年提高了 45%，第二年提高了 62%。当被问及是否对参与项目感到满意时，92% 的学生、89%的教师和 94%的父母回答非常或极其满意。 【140】

差的结论。我们得出的结论是“阅读”是对中学生有效的一门课程。
较好的结论。我们的结论是“阅读”是对阿伯丁市 12 年级中学生有效的一门课程。
评论。研究描述提供的信息只能够推论出项目对研究参与者，即阿伯丁市 12 年级中学生有效。对于其他城市的 12 年级学生以及其他年级的学生是否有效则无法得出确切的结论。

项目：DevSoft 公司的健身计划

在参加了一个 1 年期的包括节食、锻炼和心理辅导的健身计划后，继续对 DevSoft 的员工进行了为期 6 个月的观察。我们发现参加该计划的几乎所有员工在这 6 个月中都能保持健身习惯。

差的结论。我们的研究者的结论是,作为 DevSoft 正在进行的员工健身活动的一部分,应该继续开展本项目,特别是在 InterPlace 和 SystemsNet 公司的健身项目也被证明有效后。

较好的结论。初步的结果显示健身计划是有效的。因为对于监控与新食谱、运动养生和其他手段相关的行为改变的持续性而言,6 个月的时间并不充分,所以我们建议延长 2 年的观察期。SystemsNet 公司采纳了一个非常类似的项目,发现为了固化行为改变,密切的监视是必要的。

【141】**评论**。任何研究活动的一个重要部分是可以证实持续效果的充足的观察时间。第一组研究者太过匆忙地得出了健身计划有效的结论;其他研究提供的信息表明 6 个月的时间对于观察持续性的行为改变是不充足的。

所有好的研究都会讨论其面临的局限性及其对研究结论的影响。检查是否所有的局限性都得到了讨论。研究具有局限性可能是因为无法征募到理想的样本、实施最佳的设计或者完美地收集有效数据。需要提出的问题是:所有局限性都得到讨论了吗?这些局限性是如何影响研究发现的有效性的?

对于研究者来说,将他们的研究结果与其他研究者的发现进行比较,通常是个好主意。作为综述人,你应该根据比较的情况确定两项研究(你正在综述的研究和进行比较的研究)开展的条件是否相似。比如可以提出这样的问题:研究目标和方法是否相同?抽样和背景怎样?同样也很重要的是看一看是否有评论和给期刊编辑的来信质疑了研究的方法或结论?

以下是针对研究结论的评估给出的一览表。

评估研究结论的一览表

√ 研究者是否提供了研究发现的摘要？
√ 他们是否对研究发现为何如此提供了解释？
√ 研究结论是否基于研究的数据（因为研究发现只适用于研究包含的样本、背景和项目）？
√ 研究者是否比较了其他研究的相关发现，以及在可能的时候，是否对本研究的结果以及其他相关研究的结果进行了系统的评述？ 【142】
√ 是否描述了设计、抽样、数据收集等方面的局限性？
√ 这些局限性在何种程度上影响了研究结论的置信程度？
√ 研究者是否概述了他们工作的意义或者是否对推进该领域研究提出了建议？

采用正规体系以评估研究

存在若干体系可用于评估研究的质量。表 3.4 显示了由美国健康研究质量机构（Agency for Health Research Quality ，AHRQ）提出的评估随机对照试验（RCTs）和观察/非随机研究的标准（www.ahrq.gov）。关键域使用斜体字标出。

表 3.4 RCTs 和观察/非随机研究质量的评估域：健康研究质量机构

随机对照试验	观察/非随机研究
研究问题	研究问题
研究总体	研究总体
随机化	参加者的可比性
盲化	暴露或项目/干预
干预	后果测量
后果	统计分析

续表

随机对照试验	观察/非随机研究
统计分析	结果
结果	讨论
讨论	资助或发起方
【143】资助或发起方	

正如表中所见,对 RCTs 而言,研究问题的充分表述是一个**可取的域**,但是关于研究总体、随机化和盲化的充分描述则是**关键的域**。

另外一个研究综述体系是"试验报告统一标准(Consolidated Standards of Reporting Trials, CONSORT)"或 CONSORT 陈述(www.consort-statement.org)。虽然 CONSORT 陈述主要针对 RCTs 的报告,但是它也被用来指导综述人评估 RCTs 的质量。

许多研究当然是非随机化试验或观察研究。AHRQ 提出的非随机化试验的关键域(表 3.4)包括参加者的可比性、暴露或项目/干预、对后果的测量和统计分析。关于这些域,美国公共卫生协会(American Public Health Association)发布了"非随机对照设计报告规范(transparent reporting of evaluations with nonrandomized designs, TREND)"陈述。表 3.5 给出了基于 TREND 陈述的一个调查问卷的例子,该问卷能够找出 AHRQ 指定的关键域的某一方面是否出现。

许多用来对 RCTs 评级的问题也可用于非随机试验,反之亦然。举例来说,关于项目描述和缺失数据处理方法的问题对两种研究设计类型都适用。

综述定性研究:一个特别说明

定性研究者研究自然状态下的人类或社会问题,并尝试理解人们赋予这些问题的意义。定性研究的结果经常是非常详尽的、复杂的和整体性的画面或故事。

定性研究是自然主义的、解释性的,使用各种各样的实证材料,诸如个案研究、个人经验、传记、访谈、观察和历史与视觉文本,等等。这种研究的主要目标是探索、发现和介绍,因而往往掺入研究者个人的态度、动机和行为。

重视“故事”的定性研究有别于重视“数字”的定量研究。事实上，定性研究使用故事，而定量研究（通常是实验研究）使用数字。当 【144】
综述文献时，你不应该把重心集中在一项研究是定性研究还是定量研究上，而应关注其研究发现的准确性和价值。

表 3.5 获取非随机试验报告关键质量域信息的调查表

由 AHRQ 指定的域	基于 TREND 陈述的质量问题	是	否	不适用	页码	评论
参加者的可比性	1.研究者提供了研究组基线可比性的数据吗？ 2.如果存在基线差异，提供了将这些差异考虑在内（“控制”）的统计方法的信息吗？					
项目/干预	3.研究者详细描述了实验项目吗？ 4.研究者详细解释了比较或对照项目的选择吗？ 5.研究者详细描述了比较项 【145】 目吗？					
后果度量	6.所有重要的后果都考虑到了吗？ 7.对于主要后果以及中介或相关后果，研究者是否提供了关于效果的大小和精度的信息？ 8.研究者总结了所有重要的不利事件或不希望的效果吗？					
统计分析	9.研究者讨论了对主要后果进行组间比较的统计方法吗？ 10.研究者描述了额外分析（比如亚群分析和调整分析）的统计方法吗？ 11.研究者描述了处理缺失值的方法吗？ 【146】					

作为综述人,当你面对的文献的主题因为方法或伦理原因不适于定量研究时,你就可能遇到定性研究。以下是你可能遇到的定性研究类型的例子。

与定性研究有关的研究实例

- 对不能参与传统实验或调查的人的感觉和行为的研究

例子。幼儿,所讲语言与研究者不同或来自异文化的人,不能够阅读和不能够完成自填问卷的人、患有严重精神疾病的人,非常年轻者,绝症末期病人。

- 不愿意参与传统实验的人的感觉和行为的研究

例子。街道上的人,滥用药物者,参与违法或社会不接受活动的人。

- 尝试记录和理解正在形成阶段的机构或群体的活动进展情况的研究

例子。新建的学校、教育系统和医疗组织;社会、经济和政治现象,包括人们对政治运动和生活方式选择的反应和参与情况。

- 探索如何补充传统研究方法的研究

例子。寻找在未来研究中应予关注和解决的难题和问题,并借以
【147】寻找新的研究问题和假设;为统计结果增加深度、意义和细节;在尚无标准化测量时找出人们是如何思考、感觉或行动的。

- 使用传统研究方法收集数据可能带来伦理问题的研究

例子。不能进行随机化的研究(因为干预或处置有效的可能性极高,因此不可能做其他选择),对因为医疗或认知障碍而无法签署知情同意书的人的研究,非常年轻者,风烛残年的老人。

- 对单个个体、社会、文化或现象的研究。

例子。一位社会或政治领袖的传记,关于特定文化群体的社会和健康理念的报告,对医患关系的构成的研究,对乱伦幸存者应对机制的研究。

定性研究,像其他类型的研究一样,目标是如实地反映情况——也就是说,提供有效的数据。你如何判断一项定性研究是高质量的?你需要与评估实验研究不一样的标准吗?好消息是许多用来评估实验质量的标准也适用于定性研究。举例来说,你能期望的最好的定性研究符合以下标准:

- 具体的研究问题
- 对样本做出界定和说明
- 有效的数据收集
- 适当的分析方法
- 基于数据的阐述

定性方法与其他方法的主要区别体现在研究的设计、归纳和描述方式的使用以及报告的叙述风格上。定性研究主要用于单一的背景和相对较小的样本上,从中可以收集深度的信息。举例来说,在对无家可归儿童的文献进行综述时,你可能会找到一篇文章报告了生活在同一个流浪家庭庇护所的25个孩子对生活的看法。一项研究如果声称是一项实验研究,但样本量只有25,则将无法通过评议人的质量筛 【148】
选。但在研究诸如无家可归这样的主题时,面临固有的方法困难(如招募大样本)和伦理难题(如从孩子家庭那里获得知情同意)。此类研究的综述人必须确定研究获取的信息的重要性和独特性是否能够抵消小样本量和弱研究设计——从实验的角度来看的缺陷。

可以采用下列标准评估定性研究的质量。

评估定性研究质量的一览表

√ 数据收集方法必须可靠、有效,且有证据证明其准确性。

获得可靠且有效的数据意味着要从多种来源和多名独立的研究者那里收集数据。提问:如果有多个研究者,采用何种方法确定他们是否在某项观察上达成共识?研究结果反馈给研究的参加者或外部的评论人了吗?

定性研究者使用诸如**参与观察**一类的技术,在参与观察中,研究者成为被研究的群体或组织的真正成员。例如他们可能住在被研究的社区。这种接近使研究者能够获得群体背景和目标的一种内部视角,但也可能降低客观性。观察方面的培训和练习能够提高客观性。提问:观察者接受过培训吗?他们的评分者信度(interrater reliability)受到监控了吗?如果观察者之间存在争议,谁是他们的仲裁者?如果观察达成了一致,是采取了何种措施?如果进行了面访,研究者是否描述了记录数据的方法(如录音机、录像机、手写或电脑文档)?访谈者受过训练吗?他们的质量是否有控制?

√ **研究应该提供研究设计严谨的证据。**

虽然定性研究者不操纵他们的研究背景,但是仍然能通过**三角测量**一类的技术强化研究设计。三角测量指的是依靠多种方法的组合,既包括定量的也包括定性的策略。例子包括使用多个数据来
【149】源、研究者或研究方法,以及采用多种视角、理论或研究传统去尝试解释同一组数据。

√ **详细说明的好的抽样方法。**

定性研究通常依赖可获得和可接近的地点及被试,但是方便抽样可能不是最好的选择。提问:研究者对样本进行了解释和说明吗?采用何种方法强化了样本特征及大小与研究者希望研究发现适用的群体之间的关联?研究者是否正式取得了被研究对象的同意?

√ **研究者应该介绍他们采用的研究传统和研究视角。**

定性研究的开展有好几种传统或者方法,每种传统或方法都有自己的假设和程序,会影响到研究者的假设、风格和解释。一个例子是现象学研究方法(一种心理学家使用的方法)的运用,这种方法关注的是特定人群的现象体验。现象可以是一种情绪、关系、工作、组织或文化。另外一种常见的方法是民族志方法,源自人类学,关注文化传统及习俗的研究。其他传统的研究方法包括传记、个案研究和扎根理论(来自社会学)。提问:研究者介绍了他们的探索方法吗?他们表明了自己的观点或视角吗?

不是所有的定性研究都严格地属于一种探究方法，但是所有研究者都赋予自己的研究一种视角。这些视角可能是宗教的、法律的、伦理的、临床的、政治的、经济的，等等。

√ **分析方法一定要仔细说明。**

定性研究生产大量数据。听 5 小时的谈话录音是一件令人畏惧的工作，并且会产生大量笔记。提问：研究者描述了谁是收听者吗？收听者受过训练吗？数据被分为哪些类别？如何确定的类别？它们是可靠、有效的吗？也就是说，是否有证据表明至少两个研究者赞同类别的划分？研究者是否提供了证据表明他们已经考虑到了所有收集的数据，包括来自**异常值**或不“合群”的案例的信息？研究者是怎样防范高估地位高或能言善辩的信息提供者的？他们是怎样处理缺失数据的？考虑到其他解释方式了吗？讨论了研究的局限性吗？ 【150】

以下是挑选出来的一组质量各异的定性研究的目录。你可以使用上述标准去评估每项研究。

属于定性研究的研究

Bastiaens, H., Van Royen, P., Pavlic, D.R., Raposo, V., & Baker, R.(2007). Older people's preferences for involvement in their own care: A qualitative study in primary health care in 11 European countries. *Patient Education and Counseling*, *68*(1), 33-42.

Hungerland, B., Liebel, M., Liesecke, A., & Wihstutz, A.(2007). Paths to participatory autonomy—The meanings of work for children in Germany. *Childhood—A Global Journal of Child Research*, *14*, 257-277.

Motley, C.M., & Craig-Henderson, K.M.(2007). Epithet or endearment? Examining reactions among those of the African diaspora to an ethnic epithet. *Journal of Black Studies*, *37*, 944-963.

Ng, W., & Roberts, J.(2007). "Helping the family": The mediating role of outside directors in ethnic Chinese family firms. *Human Relations*, *60*, 285-314.

Ploeg, J., De Witt, L., Hutchison, B., Hayward, L., & Grayson, K.(2008). Evaluation of a research mentorship program in community care. *Evaluation and Program Planning*, *31*, 22-33.

SmithBattle, L.(2007)."I wanna have a good future"—Teen mothers´ rise in educational aspirations, competing demands, and limited school support. *Youth & Society*, *38*, 348-371.

Townson, L., Macauley, S., Harkness, E., Docherty, A., Dias, J., Eardley, M., et al.(2007). Research project on advocacy and autism. *Disability & Society*, *22*, 523-536.

Vincent, C., Braun, A., & Ball, S.J.(2008).Childcare, choice and social class: Caring for young children in the UK. *Critical Social Policy*, *28*, 5-26.

Walker, A., & Hutton, D.M.(2006).The application of the psychological contract to workplace safety. *Journal of Safety Research*, *37*, 433-441.

要点小结

【151】

- 研究者使用多种方法收集数据,包括开展成绩测验、问卷调查、面访和电话访谈;分析大型数据库或重要的统计数据;观察个体和小组;查阅文献和个人、医疗、财务及其他统计记录;做身体检查和实验室测试;使用模拟和临床场景或表现测试。

- 没有哪种数据收集方法天生就比其他方法更好或更占优势。通常也是根据实用性而不只是质量选择数据收集方法。对于文献综述人,研究数据收集质量的决定因素不在于方法本身,而在于它是否提供了可靠、有效的数据。

- 可信的数据收集方法是那种能相对避免"测量误差"的方法。由于这种误差的存在,个人的得分往往不同于其真分数。信度包括下列类型:

  测验—再测信度。如果不同时间的测量得分之间的相关程度高,就说测量具有测验—再测信度。建立测验—再测信度在概念上的主要困难是确定两次测验之间允许的最长间隔。如果间隔时间太长,外部事件可能影响第 2 次测试的反应。如果间隔时间太短,回答者可能还有记忆,因而只是重复第1次测量的回答或行为。

等值或复本信度。指的是两种评估以相同难度测量相同概念的程度。作为建立同种测量的两种形式之间对等性的替代性方法,研究者有时计算折半信度。为此需要把同一测量分为两等份(或两种可相互替代的形式),然后计算这两半的相关系数。

同质性。这种可信度指的是所有题项或者问题评估相同的技能、特性或质量时的一致性。有时这种类型的信度也被称为内部一致性。经常通过计算克隆巴赫系数,即每个条目与总分之间相关系数的平均值来确定同质性程度。

评分者间信度。指的是两个或者更多人在一个条目的测量上的一致程度。【152】

评分者内部信度。指的是同一个人在不同时点测量的一致性。评分者内部信度也可以通过培训、监督和教育得以提高。

- 效度指的是一个测量能够测出它期望测量的事物的程度。经常被讨论的至少有四种类型的效度。

  内容效度指的是一个测量完整并且恰当地测出它期望测量的技能或特征的程度。

  表面效度指的是测量表面上看上去是否有效:它看上去是不是提出了所有必需的问题?它是否使用了适当的语言和语言水平?和内容效度不同的是,表面效度不依赖现有理论的支持。

  效标效度包含两个亚类:预测效度与同时效度。**预测效度**指的是一个测量预言未来表现的程度。当两个评估相一致,或者一个新的测量与一个已经公认有效的测量相一致,说明具有**同时效度**。

  建构效度是由实验方法建立的,用以表明一种测量能否区分具有或不具有某些特征的人。

- 各种数据分析方法的适切性取决于自变量的度量是分类、顺序还是数值尺度上的;自变量的数量;因变量的测量是分类、顺序还是数值尺度上的;因变量的数量;以及数据的质量和特征是否满足统计方法的假设。

- 要留意那些掩饰否定性发现的研究结果。

- 小心那些掩饰针对样本主体的研究发现而只报告针对亚群体结果的研究。
- 检查研究结论是否直接来自研究者收集的数据。
- 检查是否讨论了研究的方法局限性,由此判断可以给予研究发现
【153】多高的置信水平。
- 检查是否有评论和给期刊编辑的来信以确保研究的主要方法或结论没有受到质疑。
- 定性研究发生在自然的社会环境中,而非实验研究的受控环境中。这种研究的主要目标是探索、发现和介绍,因而往往掺入研究者个人的态度、动机和行为。
- 当综述文献时,你不应该把重点放在一项研究是定性研究还是定量研究上,而是要关注其研究发现的准确性和价值。
- 可以采用下列标准评估定性研究的质量,这些标准应该被视为评估研究的质量和价值的一般标准的补充。
  √ 研究者应该介绍他们采用的研究传统。
  √ 数据收集方法必须可靠、有效,且有证据证明其准确性。
  √ 研究应该提供研究设计严谨的证据。
  √ 要有详细说明的好的抽样方法。
  √ 分析方法一定要仔细说明。

练　习

1.阅读下列研究报告的节选,说出其中涉及哪些信度和效度概念。

a.对学生健康风险问卷略作修改形成自填问卷,用于了解中学生有关艾滋病毒和艾滋病的知识、态度、行为和其他认知变量。测量了
【154】性行为的4个行为维度(每个维度4个问题)和注射器使用(5个问题)。用23个题项测定了关于艾滋病的事实性知识水平。采用来自

健康信念模型和社会学习理论的认知变量，考察了个人信念和社会规范(12 个问题)。

b.一位在本领域具有专业知识的综述人审查了超过 150 笔财务记录；第二位盲化的专家审查了其中 35 条记录以评估前者的效度。每项的一致率从 81%($\kappa=0.77$, $p<0.001$) 到 100% ($\kappa=1$, $p<0.001$) 不等。

c. 对 A 组和 B 组的负责人进行了一个有 22 个问题的测验，该测验是关于加州大学洛杉矶分校文献综述指导原则的。测验没有以盲化的方式计分，但是每个测验被计分两次。

2.参看表 3.A，然后评估其后撰写的研究结果的充分性。

撰写结果

表 3.A 显示了 500 名“工作寻找”项目和对比项目的学生在 8 个调查度量上的前后均值和观察到的净分差。8 个度量中的 5 个(知识、利益观念、标准观念、自立和风险承担行为)上观察到了“工作寻找”项目的显著效果。基于此，“工作寻找”项目是有效的。

答 案

1a.内容信度。因为测量基于若干理论建构(如健康信念模型和社会学习理论)。

1b.评分者间信度。因为评分者之间的评分相关。如果我们还假
定每位专家的评分是真实的，则为同时效度。kappa(κ)是一个用于调 【155】
整单纯由于偶然而产生一致的统计值。

1c.测试—再测信度。因为每个测试被两次计分。

表 3.A 分项目组(500 名学生)的前后平均分数(标准差)和净得分改变

测量	“工作寻找”学生		无项目学生		净差值	t	p
	前	后	前	后			
知识	75.6 (11.8)	85.5 (8.8)	78.8 (10.9)	81.2 (9.6)	7.5	8.9	.0001*
观念							
目标	2.5(1.1)	2.1(1.0)	2.5(1.1)	2.3(1.1)	−0.15	1.5	.14
利益	3.5(0.7)	3.8(0.7)	3.7(10.7)	3.8(0.7)	0.19	4.7	.0001*
障碍	4.4(0.6)	4.5(0.6)	4.4(0.6)	4.4(0.6)	0.09	1.2	.22
价值	5.4(0.9)	5.5(0.8)	5.5(0.9)	5.5(0.9)	0.09	0.7	.50
标准	2.8(0.6)	2.9(0.6)	2.8(0.6)	2.8(0.6)	0.12	3.0	.003*
自立	3.7(0.7)	3.9(0.7)	3.7(0.7)	3.8(0.7)	0.10	2.2	.03*
风险承担行为	1.5(2.5)	1.3(2.3)	1.0(2.0)	1.3(2.4)	−0.48	2.8	.006*

【156】 * 统计上显著

2.在你根据表格评估结果报告前,首先回答这些问题:

a. 列代表什么?在这个例子中,列中给出了“工作寻找”和无项目学生在项目前后的平均分数和标准差(在括弧中)。还给出了得分的净差和 t 统计值与 p 值。

b. 行代表什么?在本例中,行代表测量的具体变量,如知识和目标。

c. 是否有数据具有统计上的或其他形式的显著性?在本例中,知识、利益、自立和风险承担行为是统计上显著的,如星号所示。(为了达到显著,差别必须可以归因于计划中的干预——如“工作寻找”项目——而不是偶然发生的或者归因于历史事件(如与“工作寻找”项目无关的职业教育的变化)。统计显著性经常被解释为结果偶然发生的概率为 20 次里不到 1 次,此时 p 值小于或等于 0.05。p 值是统计检验中由于偶然而获得结果的概率。

结果撰写得不错,除了最后一句。最后一句说"工作寻找"项目是有效的,但是这个表格并没有为我们提供得出这一结论的充分信息。假设有效性的标准是"工作寻找"项目在六或七个(超过五个)测量上被证实有效,当然,这样一来,最后一句就是错误的。如果在五个测量上有效,但这五个测量的重要性都不及另外三个,那么最后一句也是错误的。

推荐读物

Afifi, A.A., Clark, V.A., & May, S.J.(2004).*Computer-aided multivariate analysis* (4th ed.).New York: Chapman & Hall.

American Psychological Association. (1985). *Standards for educational and psychological testing*.Washington, DC: Author. 【157】

Braitman, L. (1991). Confidence intervals assess both clinical and statistical significance. *Annals of Internal Medicine*, *114*, 515-517.

Creswell, J.W.(1998).*Qualitative inquiry and research design*.Thousand Oaks, CA. Sage.

Dawson-Saunders, B., & Trapp, R.(2001).*Basic and clinical biostatistics* (3rd ed.). New York: Lange Medical BookslMcGraw-Hill.

Denzin, N., & Lincoln, Y. (2005). *The SAGE handbook of qualitative research*. Thousand Oaks, CA.Sage.

Des Jarlais, D.C., Lyles, C., & Crepaz, N.(2004).Improving the reporting quality of nonrandomized evaluations of behavioral and public health interventions: The TREND statement.*American Journal of Public Health*, *94*(3),361-366.

Fink, A.(2007).*Evaluating research: Finding evidence that matters*.Thousand Oaks, CA: Sage.

Flick, U.(2008).*Designing qualitative research*.Thousand Oaks, CA.Sage.

Flick, U.(2008).*Managing quality in qualitative research*.Thousand Oaks, CA.Sage.

Furr, M.R., & Bacharach, V.R.(2007).*Psychometrics: An introduction*.Thousand Oaks, CA.Sage.

Gibbs, L.(2003).*Evidence-based practice for the helping professions: A practical guide with integrated multimedia*.Pacific Grove, CA: Brooks/Cole-Thomson Learning.

Goodwin, L.D., & Leech, N.L.(2003).The meaning of validity in the new standards for educational and psychological testing: Implications for measurement courses. *Measurement & Evaluation in Counseling & Development*, *36*, 181-192.

Gregory, R.J.(2004).*Psychological testing: History, principles, and applications*.Needham Heights, MA.Allyn & Bacon.

Hambleton, R.K., & Zaal, J.N.(Eds.).(1991). *Advances in educational and psychological testing*.Boston: Kluwer Academic.

Jager, R.M.(1991).*Statistics: A spectator sport*.Newbury Park, CA.Sage.

Litwin, M.(2003).*How to assess and interpret survey psychometric*.Thousand Oaks, CA: Sage.

McIntire, S.A.(2006).*Foundations of psychological testing: A practical approach*.Thousand Oaks, CA: Sage.

McIntyre, A.(2008).*Participatory action research*.Thousand Oaks, CA: Sage.

Miles, M.B., & Huberman, A.M.(1994).*Qualitative data analysis: An expanded sourcebook* (2nd ed.).Thousand Oaks, CA: Sage.

Moustakas, C.(1994).*Phenomenological research methods*.Thousand Oaks, CA.Sage.

Patton, M.Q.(1987).*How to use qualitative methods in evaluation*.Newbury Park, CA. Sage.

Patton, M.Q.(1997).*Utilization-focused evaluation: The new century text* (3rd ed.). Thousand Oaks, CA.Sage.

Salkind, N.J.(2004).*Statistics for people who (think they) hate statistics* (2nd ed.). Thousand Oaks, CA.Sage.

Salkind, N.J.(2007).*Statistics for people who (think they) hate statistics* (3rd ed.).
【158】 Thousand Oaks, CA.Sage.

Sandelowski, M., & Barroso, J.(2003).Toward a metasynthesis of qualitative findings on motherhood in HIV-positive women.*Research in Nursing & Health*, *26*, 153-170.

Savall, H., Zardet, V., Bonner, M., & Peron, M.(2008).The emergence of implicit criteria actually used by reviewers of qualitative research articles: Case of a European journal.*Organizational Research Methods*, *11*, 510-540.

Siegel, S. (1956). *Nonparametric statistics for the behavioral sciences*. New York: McGraw-Hill.

Silverman, D., & Marvasti, A.(2008).*Qualitative research: A comprehensive guide*.

Thousand Oaks, CA.Sage.

Strauss, A., & Corbin, C.(1990).*Basics of qualitative research: Grounded theory procedures and techniques*.Newbury Park, CA.Sage.

West, S., King, V., Carey, T.S., Carey, T., & Lohr, K.(2002).*Systems to rate the strength of the evidence*.Rockville, MD: Agency for Healthcare Research and Quality, Department of Health and Human Services.

Yin, R.K.(1994).*Case study research design and methods*(2nd ed.).Thousand Oaks,
CA.Sage. 【159】

4 开展综述

读者指导章

本章目的

文献综述是一种数据收集活动。本章解释如何确保你从文献中收集的数据是准确的和全面的。虽然许多文献综述是由一个人完成的,但是也有一些需要两个或更多人。本章详细介绍如何通过培训和监控多位综述人以保证可靠且高质量的综述。还讨论了小规模测试问题,因为在综述前应该先进行初步的尝试。

不管有几位综述人,都应该建立一种抽取形式,以保证从每项研究中抽取出准确的信息。本章介绍了如何建立和可靠地使用文献综述抽取形式。

图 4.1 显示了开展研究文献综述的步骤。本章涵盖图中阴影部分:培训综述人、综述过程的小规模测试、进行综述和监控质量。

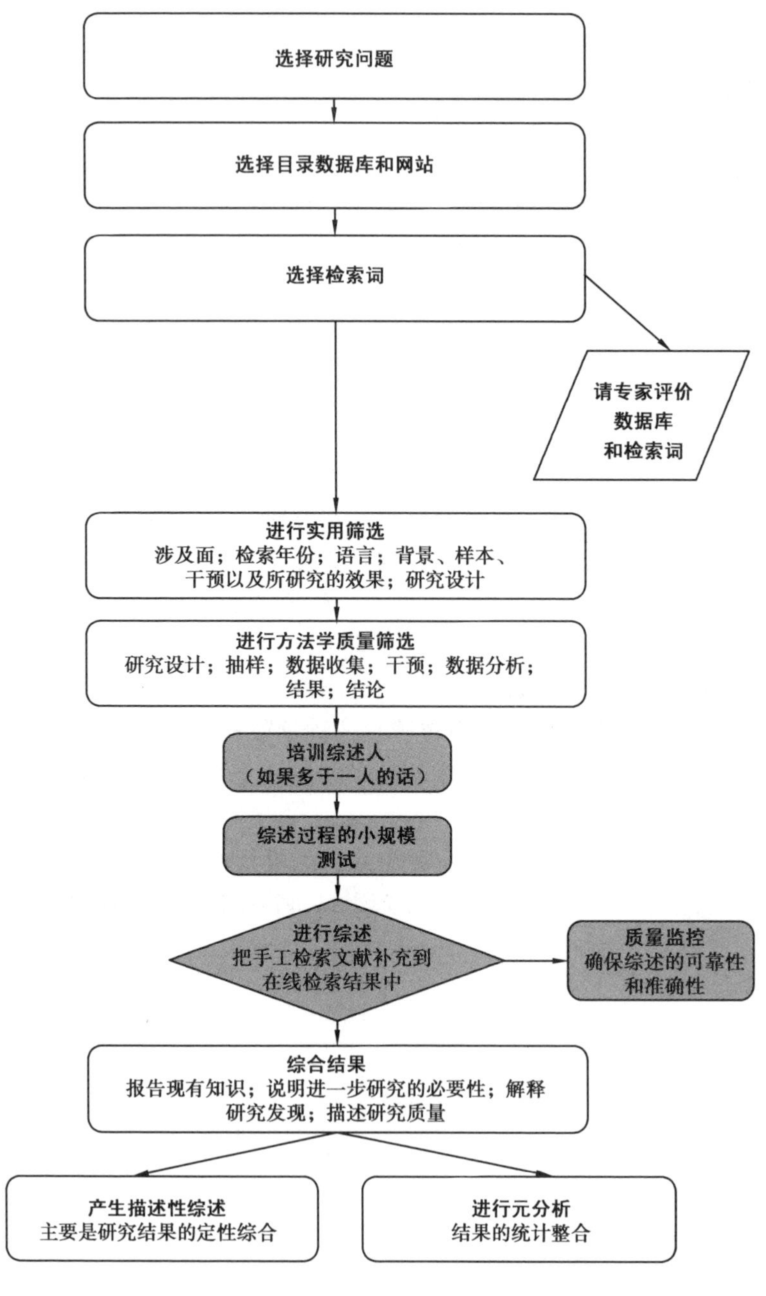

【163】

图 4.1　开展研究文献综述涉及的步骤

信息类型：方法和内容

文献综述是一种收集信息以回答研究问题或找出关于某一主题已知内容的方法。你希望信息尽可能的正确、全面和无偏。为了达到这个目标,你开展了一项研究综述。这种类型的综述取决于科学地开展研究项目或研究。

一项研究的效度取决于其方法的严谨性,包括研究设计、抽样、数据收集和分析。可能影响研究效度的其他因素还包括研究者的单位、发表刊物和时间以及最初的资金支持。一项研究的内容是其实质,包括研究的目的、对象、背景、干预、结果和结论。

有一个关于老年人酒精滥用的影响因素和后果的研究,下文指导综述者如何从中收集该研究内容和方法的信息。

综述研究文献:从一项老年人酒精滥用研究中收集的信息类型的例子

类型 1:有关方法和其他研究质量影响因素的信息

对于每项研究,需要明确是否:

- 界定了主要的变量和术语,包括酒精中毒、重度饮酒、酗酒、酒精误用、酒精依赖和酒精相关问题。 【162】
- 提供了心理测量证据(如信度统计值)表明研究酒精中毒、重度饮酒、酗酒、酒精误用、酒精依赖和酒精相关问题的测量工具适用于 65 岁及以上的老人。
- 按照预期收集了研究数据。
- 样本是从特定总体中随机取得的,或者所有符合条件的都被选中。

- 样本量的选择得到解释。
- 回答率的充分性得到讨论。
- 提供了与老年人酒精相关问题关系特别密切的信息。
- 研究者提供了主要变量(如:社会隔离、健康状况)使用的数据来源之效度的心理测量学证据。

类型2:有关内容的信息

对于每项研究,描述或给出:

- 研究目标:研究的预期或希望的具体后果。
- 主要变量(如健康状况和生活质量)的定义。
- 背景:研究开展的地点(如在医生办公室或老年服务中心)。
- 干预或项目:项目或干预的主要目标、活动和结构或组织特征。
- 研究设计:实验研究或观察研究;如果是实验研究,是否有对照组。
- 样本量及样本组成:每种背景或小组(如实验组或对照组,男性和女性)各有多少参加者。
- 主要变量的测量:每个变量(如满意度)是怎样被测量的(如
【164】ABC 满意度调查—网络版)。
- 结论:用作者自己的话说:研究发现揭示出什么是
  酒精滥用的影响因素
  酒精滥用的后果
- 数据来源(发表的期刊和时间)。
- 资金支持的来源。

对研究方法和内容的综述几乎总是很重要的。一个只涉及方法学质量而不涉及内容的综述对于希望改进这一领域研究方法的研究者是重要的,但是多数时候综述人还是更关心内容。然而,如果只有对内容的综述而没有对方法学质量的理解,很可能会导致综述人得到错误的结论,文献的质量不高或迥异的时候尤其如此。

有关出版来源的信息是重要的,因为一些杂志有严格的专家评议程序且发表高质量的研究,而另外一些杂志的程序则不那么严格,发表的文章质量也较差。知道资金支持的来源可以提醒综述人留意有利于资助者的偏见。

合格性和现实性

一项包含相关信息的有资格纳入综述的研究,应是可获得的,满足方法学质量的预设标准,且没有任何其他需要排除的特征。如果只有纳入标准,而不是既有纳入标准又有排除标准,就会带来多得多的待综述文章。举例来说,假设你想要综述有关美国心脏病发病率降低原因的文献。你设定综述中应该包括以英语撰写的且最近 5 年内发表的研究,比如说你找到了 250 项符合条件的研究。如果你还准备把没有提供分男女情况的文献排除掉,那么需要综述的文章数量将会减【165】
少。再进一步,只综述对治疗项目进行了清晰描述的实验研究,并且排除掉所有针对 65 岁以下者的心脏病发病率的研究,有待综述的文章数量还会进一步减少。一旦你把通过了实用和方法筛选的符合条件的文章收集在一起,就可以开始考虑每项研究的质量。综述人会提出以下问题:这篇文章是否值得综述?它是否设计良好并且研究发现源自有效的数据?

以下内容节选自一个关于老年人酒精使用的文献综述。正如你所见,综述人介绍了他们的数据来源、检索词、实用和质量(取舍)标准。为了做到最好,他们在一开始介绍了能够获取多少研究(即“总体”)以及通过第一道程序——实用筛选的有多少。通常,研究者采用摘要(而不是整个研究)来进行实用筛选。

数据来源和合格性:来自一篇文献综述报告的节选

我们使用下列检索词检索了 MEDLINE 和 PsycINFO:酒精中毒和老年人,酒精中毒和年长者,酒精和年长者,酒精滥用和年长者,酒精滥用和衰老,问题饮酒和年长者,酒精问题和年长者,药物滥用和年长者,年长者和酒精使用的影响因素,年长者和酒精使用的结果。使用这些检索词我们总共找到了 401 项不同的文献。在审阅其摘要后,我们去除了 67 篇没有涉及酒精使用或研究的是酒精对动物的影响的文献。余下的 337 篇文章作为综述的备选。

实用筛选后是方法学质量的筛选。因为高质量的研究需满足众多标准,因此质量筛选的选择是一项相当复杂的工作。是否要对所有备选研究应用所有已知的方法学标准?假如在进行方法学筛选后,你发现选出的研究并不符合最高的质量标准呢?你是否还应综述它们?诸如此类的问题在(除了少数涉及大型随机化对照试验
【166】以外的)几乎所有文献综述中都会遇到。听一下在两个即将开始综述的人之间发生的对话。

两个综述人讨论质量标准

综述人 1:我认为我们应该把重点集中在研究的抽样上,以及研究设计是否具有内部和外部效度。

综述人 2:好的。你打算怎么做?

综述人 1:嗯,我会阅读每项研究并且提问,样本是随机选择的吗?设计是否具有内部效度?是否具有外部效度?

综述人 2:就这些吗?

综述人 1:你还想怎样?

综述人 2：好吧，我能想到一大堆事情。比如说，我不会只关注随机抽样，因为样本量同样也很重要。还有，我不知道你怎么确定研究设计在整体上是否具有内部效度？你难道不需要提出一些具体的问题，诸如研究设计是否妥善处理了成长、选择、历史、测量工具和统计回归这些问题？实际上，说到抽样和研究设计时，我想你应该根据对下面这些问题的回答来评估每项研究：

如果研究涉及不止一个组，参加者是被随机指派到每个组的吗？

所有参加者都多次测量过吗？如果是，是否对观察的次数做出了解释和说明？

如果观察或测量在不同时间多次进行，时间间隔的选择和影响是否得到解释？

所有参加者都是在“盲化”的情况下进入他们所属的组（实验组或对照组）吗？【167】

如果采用了历史对照，其选择是否得到解释和说明？

是否解释了被试的选择、对等性和参与情况对内部效度的影响？

是否解释了被试的选择、对等性和参与情况对外部效度（推广力）的影响？

如果进行了抽样，被试是被随机选中的吗？

如果抽样单位（如学生）不是主要关注的总体（如教师才是），这在分析和讨论中得到说明了吗？

如果样本是以非随机抽样方法选择的，是否提供了证据表明他们与目标总体（从中他们被抽选出）或研究中的其他组相类似？

如果组在开始是不对等的，这个问题在分析或阐述中是否得到说明？

是否给出了纳入被试的标准？
是否给出了排除被试的标准？
是否对样本量进行了论证(比如通过给出效力系数)？
是否给出了有关目标总体的大小和特征方面的信息？
如果采用了分层抽样方法,层的选择是否进行了论证？
是否给出了目标总体中符合条件的参与研究者的数量和特征信息？
是否给出了符合条件且同意参与研究者的数量和特征信息？
是否给出了符合条件但不同意参与研究者的数量和特征信息？
是否给出了在完成所有数据收集内容前退出或无法追踪
【168】者的数量和特征信息？
是否给出了完成所有数据收集内容者的数量和特征信息？
是否给出了存在某些数据缺失者的数量和特征信息？
是否给出了数据缺失的原因？
是否给出了个人或组退出的原因？

综述人 1：好吧,看得出你很精通抽样和研究设计问题,但我不肯定你提出的这些问题是否都与我们这次文献综述相关。比如我怀疑我们能不能找到盲化的研究。如果坚持这条标准,我们可能就找不到什么研究可以综述了。另外,我不确定我们有没有资源收集每个研究的这些信息。

综述人 2：让我们把每条标准过一遍,看看对我们的综述有多重要和多相关。

综述人 1：好主意。

综述人 2 建议在选择方法学质量标准时有所取舍是正确的。对于某项文献综述而言,不是所有标准都是相关的或适当的。举例来说,很少有社会实验涉及对所有参与者的盲化。每项综述都有自己的特殊要求。以下是从已发表的文献中选出的两个例子。

例 1.虐待儿童预防项目评估：审查合格标准

随机对照试验或真实验

清楚界定的后果

有效的度量

清晰的参加者入选标准 【169】

例 2.36 个刑事司法项目的评估：审查合格标准和结果

标　准	数　量	百分比
按照预期收集数据	35	97
清楚且准确地描述了研究问题和目标	35	97
清楚描述了项目(即包括目标、活动、背景、资源的细节)	32	89
提供的统计数据是否足以确定临床的/教育的/政策成本的显著性或重要意义	29	81
样本损失(即拒绝调查、难以追踪、缺失或不完整数据)是否得到描述和尽可能的处理	21	58
抽样方法、样本量或数据收集方法带来的可能偏倚是否得到解释	21	58
数据是通过有效的数据收集方法收集的	19	53
对样本量进行了论证	5	4

一些研究者(和哲学家)认为,只有完美或接近完美的研究才值得重视,因为只有它们才能提供准确的信息。因为很少有研究是完美或哪怕接近完美的,一般综述人要自行决定采取何种标准确定一批文献的数据质量是否可以接受。虽然并不存在选择"最佳"研究的统一方

法,但是综述人还是可以依赖三种标准的质量评估方法。

有些文献综述包括了所有符合条件的研究,而无论其方法学质量如何。这种类型的综述通常会根据研究设计的适切性决定可以对其发现给予多高的置信水平,进而对研究进行评级。所以虽然质量不佳的研究也不会被剔除出去,但是它得到的低评级自动降低了其可信性。美国预防服务专责小组(U.S.Preventive Services Task Force)采用这种方法做出对预防保健的推荐(如关于接种和筛查)。每项推荐
【170】(如流感疫苗注射、产前保健和诸如乳房 X 射线照相和结肠镜等筛查的频率和时间安排)都给出参考文献,而每项参考的研究都根据其证据的质量来"定级"。

通常采用计分体系去评估质量。综述人首先评估每项可能符合条件的研究符合预设质量标准的程度。赋予比如从 1 到 100 分的分数,100 分意味着研究满足所有标准。然后综述人选择一个临界分数,比方说 74 分,只综述那些得分在 75 分及以上的研究。

另外一种在可选研究中做出选择的方法是要求满足一个或更多的预设标准,例如在某些综述中,只有随机对照试验才会被接受。在其他综述中,如果研究满足某种数量的标准才会被认为是可以接受的。例如一项研究满足 8 项预设标准中的 5 项时才会被接受。以下说明这些依据质量对研究做出甄别的方法。

根据方法学质量来对有条件入选的研究进行分类

我们把研究归入以下五类之一:随机对照试验(类型 A);前瞻性非随机对照试验(类型 B);清楚界定了信息源的回溯性研究(类型 C);未指定或数据源不清楚的可能的回溯性研究(类型 D);短文,包括编者按、评论和书中章节(类型 E)。

以下是我们的参考文献以及每项研究归类的部分目录

参考文献(根据第一作者和发表年份排序)	类　别
Abel, M.(1997)	B
Arlington, S.(2004)	B
Bethany, Y.(2005)	E
Betonay, A.(1996)	A
…	…
Caldwell-Jones, R.(1996)	C
…	…
Uris, M.(2000)	D

【171】

计分方法

- 我们赋予每项研究 1—10 的得分。综述得分在 8 分及以上的研究。
- 我们选择了八项质量标准。达到至少五项标准的研究才会被纳入综述范围。

可信且有效的综述

如果一个综述在不同时间(“内”)或数个综述人(“间”)能够一致地提供关于方法和内容的信息,该综述就是可信的。有效的综述是指准确的综述。

相当多的综述几乎总是涉及不止一个综述人。每个综述人都对每项研究进行检查,然后对检查结果进行比较。如果综述人之间(或者之中)能达到完美的一致,就意味着完美的评分者间信度。有时候为了提高客观性,一个或更多综述人不被告知研究作者的姓名、杂志的名称或研究是何时何地开展的。在相对小型的综述中(以少量资源开展且只有一个综述人的综述),可以通过让综述人对一个随机抽取的研究样本再次检查以增加客观性。第一次和第二次检查之间如果能达成完美的一致,就可以认为评分者内部信度是完美的。

测量信度:Kappa 统计值

假设要求两个综述人独立评估 100 项关于预防低体重初生儿的产前保健研究的质量。每个综述人被要求回答下列问题:研究作者是否同时分析了低风险和高风险女性? 以下是综述人对这个问题的回答。

		综述人 2		
		否	是	
综述人 1	否	20[c]	15	35[b]
	是	10	55[d]	65
【172】		30[a]	70	

综述人 2 说有 30 项 (上标 a)研究没有收集前瞻性数据,而综述人 1 说有 35 项(b)研究没有。这两个综述人一致认为有 20 项(c)研究没有收集前瞻性数据。

描述综述人之间一致程度的最好方式是什么? 20%(c)或许太低了;毕竟综述人也一致认为有 55%(d)的研究包含低风险妇女。但总的一致率:55%+20%又高估了,因为只有两类(是或否),有些一致可能是出于偶然。

测量两个综述人之间一致程度的常用的一个统计值称作 Kappa,定义为非偶然的一致除以可能的非偶然一致的数量。参见下面的公式,其中 O 为观察到的一致,C 为偶然的一致。

测量两个综述人之间的一致:Kappa(κ)统计值

$$\kappa = O - \frac{C(\text{非偶然的一致})}{1 - C(\text{可能的非偶然一致})}$$

下面以两个综述人为例说明公式的含义。

1.计算有多少研究综述人可能由于偶然而一致认为**没有收集**前瞻性数据。为此将“否”的回答数量相乘,因为有100项研究所以再除以100:30×35/100=10.5。

2.通过将两个人都认为**收集了**前瞻性数据的研究的数量相乘,计算有多少研究是他们可能由于偶然而一致认为收集了前瞻性数据。为此将“是”的回答数量相乘再除以100:70×65/100=45.5。

3.将第一步和第二步中得到的两个数字相加再除以100,就得到一个偶然一致的比例:(10.5+45.5)/100=0.56。

观察到的一致是20%+55%=75%或0.75。因此,非偶然的一致是0.75-0.56=0.19:分子。【173】

可能的非偶然一致是100%减去偶然一致的56%或1-0.56=0.44:分母。

$$\kappa = 0.19/0.44$$

$$\kappa = 0.43$$

多高的Kappa值算“高”?一些专家已经给出了以下的Kappa值的定性区间:0.0~0.2=轻微,0.2~0.4=稍好,0.4~0.6=中等,0.6~0.8=很高,以及0.8~0.10=几乎完美。在文献综述时,期望Kappa值应该在0.6~1.0之间。

如何才能获得综述人之间很高或接近完美的一致程度——信度?为达到这一点要确保所有综述人在相同的主题上收集和记录数据,并且预先在每个重要变量的含义上达成一致。上面综述人的Kappa值达到“稍好”的0.43,这可能是由于综述人之间或综述人与研究者之间对高风险和低风险女性的定义不同。

统一的数据收集:文献综述调查表

文献综述是一种调查。换句话说,它们是有系统的观察,而且通常被记录下来。调查的方法,特别是自填问卷,经常用来作为记录从文献中抽取出来的信息的有效方式。

假设某项综述进行了如下的实用和方法学质量筛选。

实用和方法学质量筛选实例

实用筛选:(必须符合**所有**下列四项标准)

1.研究以英语撰写。

【174】 2.数据收集发生在 2009 年 3 月 1 日之后。

3.研究包括男性和女性。

4.研究提供 65 岁及以上独立生活在社区者的数据。

方法筛选:(必须符合下述 8 项标准中的总共 5 项)

1.界定了主要术语。

2.提供心理测量学证据证明测量工具适用于 65 岁及以上者。

3.有计划地收集了研究数据。

4.样本从一个特定总体中随机抽取,或全部符合条件的总体都被选中。

5.样本量的选择得到论证。

6.回答率的充分性得到讨论。

7.提供了特别与老年人酒精类问题相关的信息。

8.研究者提供了主要变量使用的数据来源之效度的心理测量学证据。

要确保每个综述人记录的信息都与其他人相同并且记录程序是统一的,你可以把标准转化为调查问卷的形式。看一下在一个关于老年人酒精使用的综述中记录研究选择过程的此类问卷。

收集研究合格性信息的调查表形式实例

指导语

第 1 部分:实用筛选

回答所有问题。如果对**任何**一个问题的回答是否则停止。无

【175】 需完成第 2 部分(方法筛选)。

研究编号：________________________________

日期：________________________________

综述人姓名：____________________________

1.研究是用英语撰写的吗？

是 ………………………………………………………… 1

否 ………………………………………………………… 2

2.研究数据收集于 2009 年 3 月 1 日**之后**吗？

是 ………………………………………………………… 1

否 ………………………………………………………… 2

3.研究包含男性和女性的信息吗？

是 ………………………………………………………… 1

否 ………………………………………………………… 2

4.研究重点是 65 岁以上者吗？

是 ………………………………………………………… 1

否 ………………………………………………………… 2

5.是独立生活在社区（而不是护理中心、寄宿和护理所等）的人吗？

是 ………………………………………………………… 1

否 ………………………………………………………… 2

第 2 部分：方法学质量筛选

每个“是”的回答得 1 分。研究必须得到 5 分及以上才能被纳入综述

标　准	是	否
1.界定了主要的后果变量。		
2.提供了心理测量学证据，表明用于研究酗酒、重度饮酒、问题饮酒、酒精滥用、酒精依赖和酒精相关等问题的测量工具适用于 65 岁及以上的老人。		
3.研究数据是有计划收集的。		
4.样本是从特定总体中随机抽取的，或全部符合条件的总体都被选中。		
5.样本量的选择得到论证。		

【176】

续表

标　准	是	否
6.回答率的充分性得到讨论。		
7.提供了特别与老年人酒精类问题相关的信息。		
8.研究者提供了主要变量使用的数据来源之效度的心理测量学证据。		
总分:		

来自这类表格中的数据相对迅速地告诉你哪些研究应该纳入综述、哪些应该剔除以及为什么(实际原因?方法原因?)。它们也方便了数据录入。

一旦确定了需要综述的文献,就要设计一个调查表以标准化数据收集过程。看一下从65岁及以上老人酒精使用文献中提取信息的此类调查表。

调查酒精使用文献的部分调查表

1.是否界定了主要变量?**(圈选一个)**

否………………………………………………… 1(**跳至问题3**)

是 ……………………………………………… 2

1a.**如果是**,请用作者自己的话给出定义。

术语	定义(如果作者给出的话)
酒精中毒	
重度饮酒	
问题饮酒	
酒精依赖	
【177】酒精相关问题	

2.研究者是否就主要变量使用的数据来源之效度提供了心理测量学证据？(**圈选一个**)

否 ………………………………………… 1(**跳至下一个问题**)

是 ………………………………………… 2

2a.**如果是**,说出是哪一个数据来源(如:成就测验),测量的变量名(如:知识),以及提供了证据的效度类型名称。

使用这些编码表示效度类型:

表面	1
内容	2
预测	3
建构	4
聚合	5
分歧	6
灵敏度	7
特异度	8

数据来源	变量	效度编码

3.描述合格样本。

	65~74 岁 (n=)	75 岁及以上 (n=)
男性		
白人		
非裔美国人 【178】		
拉丁裔美国人		
其他		
女性		
白人		
非裔美国人		
拉丁裔美国人		
其他		
合计		

4.描述参与者样本。

	65~74 岁 (n=)	75 岁及以上 (n=)
男性		
白人		
非裔美国人		
拉丁裔美国人		
其他		
女性		
白人		
非裔美国人		
拉丁裔美国人		
其他		
合计		

5.是否给出了合格参与者数据不完整或缺失的理由?(**多选**)

否 ………………………………………… 1(**跳至下一个问题**)

是 ………………………………………… 2

5a.**如果是**,理由是什么?

❑ 地址不正确

❑ 医疗问题;具体是:

❑ 未赴约

❑ 其他;具体是:

6.研究中探讨了下列哪些变量?(**多选**)

【179】 ❑ 药品使用(**多选**)

❑ 降压药

❑ 安定药

❑ 抗抑郁剂

❑ 非固醇抗炎药

❑ 阿斯匹林

- ❑ 巴比妥酸盐
- ❑ 其他；具体是：
  - ❑ 酒精消费量和频度
  - ❑ 医疗状况或问题
  - ❑ 社会功能
  - ❑ 精神/心理功能
  - ❑ 身体功能
  - ❑ 其他；具体是：

7.对于研究中涉及的每个变量，汇总其结果和结论。

变量	结果	结论

8.研究参与者所处的环境是什么？（**多选**）

- ❑ 退休社区
- ❑ 一般社区
- ❑ 社区健康中心
- ❑ 养老院
- ❑ 医疗诊所
- ❑ 退伍军人管理机构
- ❑ 其他；具体是：

9.谁资助了此项研究？（**多选**）

- ❑ 联邦政府
- ❑ 州政府 【180】
- ❑ 地方政府
- ❑ 全国基金会
- ❑ 州或地方基金会
- ❑ 大学

❑ 保健机构。如果是,属于:
  ❑ 公立
  ❑ 私营
❑ 其他;具体是:

文献综述调查表有时也称为文献综述摘录表,它比不那么正规的记录形式在记录文献内容方面有几个重要的优点,包括提高了综述时跨研究的可重复性和数据收集的一致性。如果设计合理,也有利于数据的录入、分析和报告。调查表可以通过手工、笔记本电脑或者网络完成。因为每项综述都是不同的,因而基于计算机或者网络的综述可能需要特别的数据输入和分析程序。

统一的数据收集:定义及其他

典型的文献综述调查包含许多容易引起歧义的术语。诸如**心理测量学证据**(psychometric evidence)和**内容和表面效度**(参见以上调查)这样的字眼,对不同的人可能有不同的含义。举例来说,心理测量学证据对我来说可能意味着建构效度,而你却可能将其视为其他类型的效度或信度。有些人不区分表面和内容效度,或者认为这种区分是不重要的。

一些综述人可能不熟悉某个文献综述调查中使用的术语。什么是降压药?抗抑郁剂?双氢氯噻嗪是降压药吗?什么是甲氨二氮草?

为了确保综述人熟悉调查中使用的所有术语,并且以一致的方式
【181】解读文献,需要给出所有可能引起误解的字词的定义和解释。这些应该写下来并且经过讨论。一些人提议制作专门的手册,包含对整个文献综述过程和定义的指南。另外一些人建议把指南和定义直接放在调查表中。几乎所有人都同意,在开始综述之前需要对整个过程进行测试。

培训综述人

在大型文献综述中培训是基本的要求,特别是如果有两名或两名以上的综述人。以下是文献综述培训手册目录的实例。

文献综述培训手册目录实例

Ⅰ.介绍

A.为什么要开展这项综述?

B.谁将使用结果?

Ⅱ.采用合格标准:筛选研究

A.实用筛选(如语言、发表年份、杂志)

1.实用标准的例子

2.采用实用标准的实际练习;练习答案

B.方法筛选

1.对研究设计的筛选:研究必须是真实验或准实验

a.每类实验的定义和例子

b.区分真实验和准实验、不同类型的研究设计等的练习

2.对抽样的筛选:研究必须论证样本的抽选标准

a.取舍标准的定义和例子及其论证方法 【182】

b.练习取舍标准的选择并解释研究者的论证方法

3.数据收集筛选:必须提供统计数据证明对特定总体而言后果的测量是有效的

a.后果及测量的例子(例如通过生命统计数据库获取出生时体重,通过病历获取酒精使用的后果)

b.一些术语的定义,诸如**效度**和**酒精相关问题**。对不同人群(如65岁及以上人口和寻求产前保健的低风险妇女)有效的证据的例子

c.区分效度的不同类型和酒精相关问题的练习

4.数据分析筛选:必须提供研究发现具有临床或统计意义的证据

a.临床和统计意义的定义;两者的例子

b.确定分析结果是否具有统计上和(或)临床意义的练习

Ⅲ.综述文献

在收集下列有关内容和方法的信息的基础上，采用标准形式综述每项研究。为此，交给你五项研究和一张表格去完成。你可以直接在表格上输入数据，或者输入计算机。将要求你记录：

A.目标：目的和期望后果

B.研究设计（如同期对照、非随机指派）

C.抽样：合格性标准；选择方法；样本量

D.干预或项目：介绍主要的目标和活动

【183】 E.背景

F.主要的后果变量及其测量

G.结果

H.结论

I.第一作者姓名

J.资助机构

Ⅳ.综述过程的小规模测试

两个评级人：

A.阅读 10 项研究

B.应用实用筛选

C.应用方法筛选

D.综述 10 项符合条件的研究

E.比较不同评级人的结果

综述过程的小规模测试

小规模测试的目标是将信度最大化。测试的第一个步骤是检验合格性标准：所有综述人在文章的选入和排除上是否一致？每个综述人接受或者拒绝研究的理由相同吗？所有综述人都完成了每个条目吗?

如果只有一个综述人,则抽取摘要的一个样本,对其综述两次——例如今天和一周后各一次。从时点 1 到时点 2 你的选择是否一致?随着时间的推移,你对研究进行取舍的理由是否保持不变?

小规模测试的第二个步骤是尝试实际的综述过程。通常选择 5 至 10 项研究进行测试。你可以随机选择这些研究,也可以选择综述过程的某些特定方面,例如 5 项实验研究和 5 项描述性研究。采用实际的抽取形式,综述人综述文章,然后比较结果。如果发现存在差异,综述人可以进行协商直到达成共识,或者邀请第三人来裁决。你可以不断进行小规模测试,直到一致程度达到"满意"水平。有些综述采用非 【184】
常严格的标准,只接受高度的一致;另外一些综述则不那么严格。

如果你是唯一的综述人,可以相隔一周分别做两次综述。如果你的综述有所不同,那么你要么需要继续磨练你的综述技术,要么重新检查抽取形式。提出下面这样的问题:你是否清楚术语的定义?它们是否符合在这个领域的含义?是否需要增加或删除抽取形式的某些内容?

建立效度

有效的综述带来正确的信息。你如何确定从文献中获取的信息是正确的?理想情况下,你碰到研究的作者,他说:"是的,你说得不错,正合我意。"因为我们多数人接触不到所综述文章的作者,因此必须采用其他方法验证准确性。在许多文献综述中,以一个有学问的人为"黄金标准",他或她对研究的解读被认为是正确的。考虑下例。

以项目负责人为黄金标准:一个案例研究

给四个人分配综述文献的任务,以找出哪些项目在帮助超重的孩子减轻体重及避免反弹方面有效。在筛选了 520 项已发表和 67 项未发表的研究后,总共 120 项研究被纳入综述范围。综述人 A 综述研究 1 到 60,综述人 B 综述研究 61 到 120。综述人 C 和 D 会被随机指派 60 篇文章,这样一来,一篇文章有时由综述人 A 和 C 或 A 和 D 综述,有时由综述人 B 和 C 或者 B 和 D 综述。综述人 A 和 B 永远不会综述同一篇文章。综述结束时,将对综述结果进行比
【185】较。被视为"黄金标准"的项目负责人将会对任何异议做出裁决。

此外,项目负责人将综述随机抽取的一个 10%的样本(12 篇文章)。她将把她的结果与最初负责综述这些研究的两个综述人的结果进行比较。如果在她和另外两位综述人的结果之间存在差异,她将负责协商解决异议。不过,她的结果优先于其他综述人的结果。

在该例中,项目负责人是黄金标准:她的话是正确的。据此她做了两件重要的事情:她在不同综述人之间做出裁决并监控综述的质量。因为单个综述人经常没有这样的"黄金标准",因而他们可能永远无法证明真实性。他们至多能显示综述具有高的重测或观察者内部信度。

质量监控

质量监控指的是确保随着时间的推移,综述人仍能坚持为这一过程设定的标准。文献综述需要高度集中注意力,有时还是长时间的,综述人需要反复阅读一项研究才能找出所需信息的情况也不鲜见。监控综述的质量意味着检查所有综述人的工作,确保粗心的综述得到纠正。在大型综述中,可以制定规章制度对懈怠的综述人进行重新培训,这样就需要针对再培训需求建立一个体系。在对综述进行计划时,重要的一点是选定一人负责质量监控,并明确该人是否也负责再培训或者再培训由其他人负责。

下面是从文献中抽取信息时需要完成的活动的一览表。

从文献中收集数据:一览表

- ❑ 确定实用的和质量上的合格性标准。
- ❑ 定义所有术语。
- ❑ 将合格性标准转化为问卷形式。
- ❑ 对合格研究的一个样本做问卷的小规模测试。 【186】
- ❑ 根据小规模测试的结果调整问卷。
- ❑ 如果有两位或更多综述人,决定是否需要对其"盲化"作者和出版物的名字。
- ❑ 培训综述人。
    - ❑ 撰写培训手册。
    - ❑ 提供实际演练机会。
- ❑ 建立质量监控体系。
- ❑ 建立一个协调体系,应对不同综述人之间或者同一综述人不同时点间的差异。
- ❑ 收集不同综述人之间或不同时点间的一致程度的统计数字。

要点小结

收集关于研究的方法(研究设计,抽样,数据收集和数据分析)和内容(如目的、参加者、背景、干预、结果、研究发现和结论)方面的信息,使综述人能够描述支撑每项研究的证据的质量,汇总多个研究的证据质量,报告单个研究的结论,以及汇总多个研究的结论。

• 你可以综述所有合格研究或选择部分进行综述。综述所有研究时,应根据其质量对其分类。

• 如果在不同时间("内")或数个综述人("间")能够一致地提供关于方法和内容的信息,就可以说该综述是可信的。有效的综述是准确的综述。

• 测量两个综述人之间一致程度的常用的统计值称作 Kappa 或 κ,可将其定义为非偶然的一致的数量除以可能的非偶然一致的数量。

【187】 • 文献综述是调查或系统观察。调查方法,特别是自填问卷,经常被用来作为记录从文献中抽取出来的信息的有效方式。

• 在大型文献综述中培训是基本要求,特别是有两名或两名以上综述人时。

• 文献综述的方法应该事先小规模测试。小规模测试的目标是将信度最大化。测试的第一个步骤是检验合格性标准:所有综述人在选入或者排除某篇文章时是否一致?每个综述人接受或拒绝研究的理由相同吗?所有综述人都完成了每个条目吗?小规模测试的第二个步骤是尝试实际的综述过程。

• 有效的综述是正确的。在许多文献综述中,以一个有学问的人为"黄金标准",他或她对研究的解读被认为是正确的。

• 质量监控指的是确保随着时间的推移,综述人仍能坚持为这一过程设定的标准。确保(特别是在大型综述中)建立制度指定某人为质量监督者。另外,要考虑有些综述人需要定期重新培训的可能性。

练　习

1.两个综述人评估 110 项有关家庭安全项目对预防意外事故的影响的研究。要求综述人识别研究者是否通过界定研究的目标、行动、参与者和环境对教育干预做出了充分的描述。综述人 1 说有 30 项研究没有充分描述其干预,而综述人 2 说有 45 项研究没有。两位综述人都同意有 20 项研究未充分描述干预。使用 Kappa 统计值描述综述人之间的一致程度。这个 Kappa 值说明信度是较差,稍好,中等,很高还是几乎完美?

【188】 2.准备一份综述人可以在下列情境中使用的问卷。

情境:员工满意度研究中心计划开展一项文献综述,以找出哪些因素影响雇员忠诚度,他们尤其对提高高素质员工的工作满意度的方式感兴趣。可以纳入综述的研究必须是他们的项目开始日(3 月 1 日)之后 6 个月内可以获取的,获取研究的花费必须在 25 美元及以下,研究方法和结果必须以英语、德语或意大利语撰写,参与者必须包括男性和女性员工。

3.准备一份能用于下列情境的问卷。

情境:员工满意度研究中心设定标准以确保其综述的研究都是能够获取的最佳研究。他们的高质量标准如下:

- 所有主要的后果(如满意度、忠诚度)都得到界定。
- 所有的测量必须与定义确切地相符,并**同时还须**符合下面标准中的至少 3 项:

研究必须包含同一雇员两年期或者更长时期的数据。

必须详细描述了研究设计。

必须详细描述了抽样方法。

必须详细描述了干预方式。

答 案

1.下面是两个综述人的回答结果:

		综述人 2			
		否	是		
综述人 1	否	20[c]	15	35[b]	
	是	10	55[d]	65	
		30[a]	70		【189】

下式是计算 Kappa 统计值的公式:

$$\kappa = \frac{O - C(\text{非偶然的一致})}{1 - C(\text{可能的非偶然一致})}$$

以下是该公式在本例中的含义:

(1)计算综述人因为偶然而一致认为**未**充分描述干预的研究的数量。为此将“否”的回答数量相乘,再除以 110(因为有 110 项研究)：30×45/110=12.3。

(2)计算综述人因为偶然而一致认为充分描述了干预的研究的数量。为此将“是”的回答数量相乘，再除以 110：80×65/110=47.3。

(3)将第 1 和第 2 步中获得的两个数字相加，再除以 110，就得到**偶然一致比**：(12.3+47.3)/110=0.54。观察到的一致是 20/110(18%)+55/110(50%)=68%或者 0.68。所以非偶然的一致是 0.68-0.54=0.14(分子)。

可能的非偶然一致是 100%减去偶然一致的 54%或 1-0.54=0.46(分母)。

$$\kappa = \frac{0.14}{0.46}$$

$$\kappa = 0.30$$

0.30 的 Kappa 值被认为属于稍好水平。

2.以下是员工满意度研究中心在其综述中使用的原始问卷。

合格性标准

综述人姓名：________________

【190】综述日期：________________

研究编号：________________

指导语：________________

如果对下列任何问题的回答是“否”，则该研究不符合综述的条件。

1.在 8 月 30 日之前能够取得该研究吗？**(圈选一项)**

是 ………………………………………… 1

否 ………………………………………… 2

2.获取该研究副本的费用是否在 25 美元及以下？**(圈选一项)**

是 ………………………………………… 1

否 ………………………………………… 2

3.能够以下列何种语言取得？(**多选**)

英语 …………………………………………………… 1

德语 …………………………………………………… 2

意大利语 ……………………………………………… 3

4.研究中同时包括男性和女性吗？(**圈选一项**)

是 ……………………………………………………… 1

否 ……………………………………………………… 2

3.以下是员工满意度研究中心为了确保质量而使用的原始调查表。

质量标准

综述人姓名：______________________________

综述评级：______________________________

研究编码：______________________________

1.所有主要的后果都界定了吗？(**圈选一项**)

否 ………………………………………… 1　拒绝该研究

是 ………………………………………… 2 【191】

2.所有的测量是否与后果的定义相符？(**圈选一项**)

否 ………………………………………… 1　拒绝该研究

是 ………………………………………… 2

3.是否收集了所有员工两年期或者更长时期的数据？(**圈选一项**)

否 ………………………………………… 1

是 ………………………………………… 2

4.是否详细描述了研究设计？详细指的是对下列各项都有肯定回答：

论证了设计的选择

有对其实施的描述(如：如果是随机指派，那么是如何实现随机化的？)

有对内部效度风险的解释

有对外部效度风险的解释

5.详细描述了抽样方法吗？详细指的是对下列各项都有肯定回答：

有明确的合格性标准

有对样本量的论证

解释了样本如何指派到干预(或对照)组

6.详细描述了干预吗？详细指的是对下列各项都有肯定回答：

有明确的目标

活动有可能被重复实施

【192】从目标的角度对结果进行了解释

5 你发现了什么？

综合结果

本章目的

文献综述的最终结果是对文献内容及其质量评估的综合。本章讨论了如何进行综合以描述当前关于某一主题的知识现状、探讨开展新研究的必要性和重要性、解释研究发现以及描述已有研究的质量。这种综合可以是一个单独的文档(比如一份单独的报告),也可以作为文章、论文或报告的一部分。本章还阐述了如何进行描述性综合和元分析。

描述性综合依赖综述人在识别和解释文献的目的、方法和发现的异同方面的知识和经验。描述性综合常用于缺乏随机试验和好的观察研究之时,如果情况不是如此的话,元分析可能更合适一些。

元分析综述采用正规的统计技术将不同的研究结合成一个大的"元"研究。本章介绍了特别为元分析结果的使用者设计的元分析。本章涉及相关的统计内容(例如比率和风险的计算以及统计检验和置信区间的概念),因为这是元分析研究的基本组成部分。研究文献综述人需要理解这些统计技术的目的和结果。

图 5.1 显示了开展文献综述所需的步骤。本章涉及其中的阴影部分:把结果汇总起来形成描述性综述,或进行元分析。

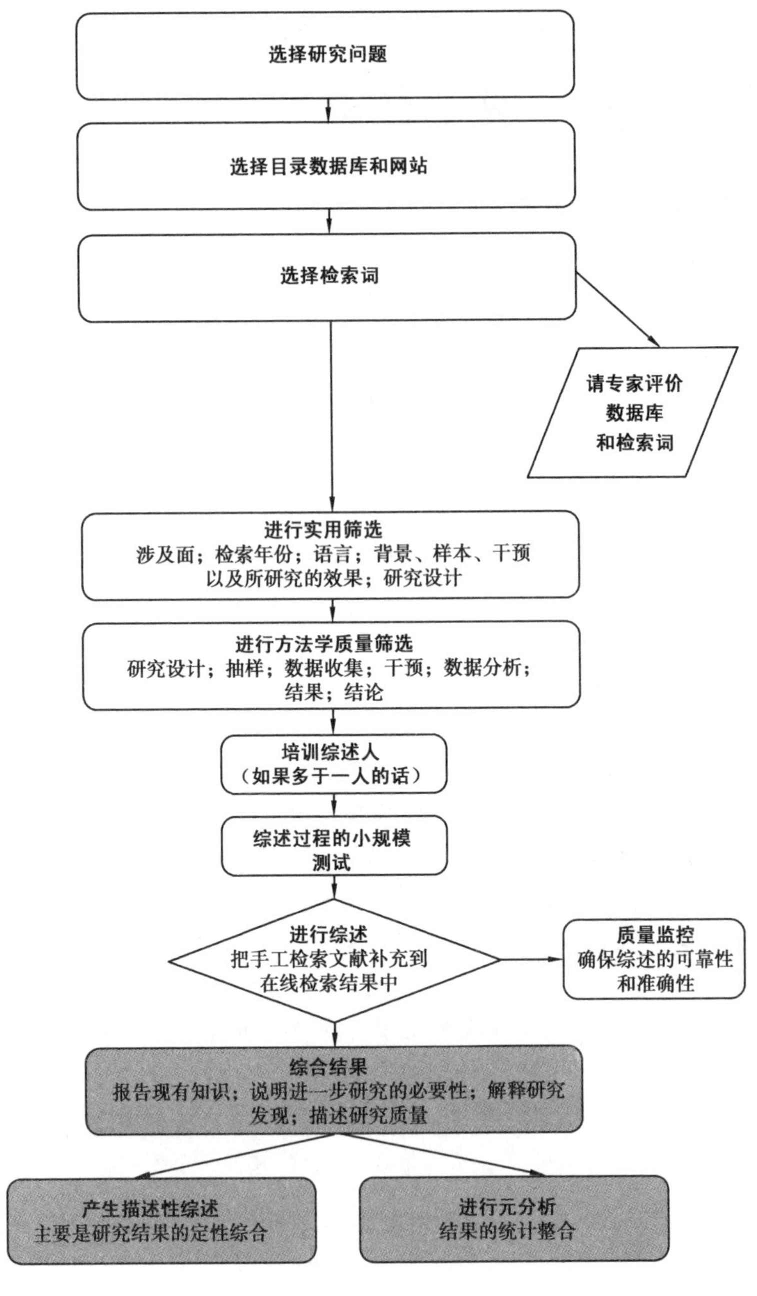

【195】

图 5.1　开展研究文献综述涉及的步骤

既然已做完，你都做了什么？

进行研究文献综述的最后一步是将结果综合起来。这种综合提供了研究问题的答案，描述了答案所基于的证据的质量。【194】

研究文献综述过程结束于对结果的综合。这种综合有四个主要目的：

1.描述关于某一主题或某类研究的现有知识

2.支持新研究的必要性和重要性

3.解释研究发现

4.描述一批研究的质量

描述现有知识

文献的主要应用之一是描述关于某一主题或某类研究现在已经知道了些什么。对现有知识状况的综述是研究报告或论文的有机组成部分。

假设你准备撰写一份报告，评估一项减轻遭遇暴力的儿童的抑郁症状的干预。这份报告将包括至少 4 个研究问题的答案：此类儿童及其遭遇暴力的广泛性如何？遭遇暴力对儿童的生理、心理和行为会产生什么样的影响？抑郁是遭遇暴力后的症状之一吗？如果是的话，它在遭遇暴力的儿童中间出现的频率如何？

回答这些问题的第一步是综述文献以总结关于这一主题的知识现状，例如：儿童与暴力、儿童遭遇暴力的后果、遭遇暴力儿童的抑郁症状以及减轻遭遇暴力儿童的抑郁症状的干预，等等。综述的假想的结果如下。

对因暴力而出现抑郁症状的儿童的干预需求已知什么?

【196】大量美国儿童亲眼目击暴力或者成为暴力的受害者,更多儿童在亲眼目击指向他人的暴力后出现症状(此处需要参考文献)。遭遇暴力导致抑郁(此处需要参考文献)和行为问题(此处需要参考文献)。此外,遭遇暴力的青少年更容易出现学业表现不佳(此处需要参考文献)、智商和阅读能力下降(此处需要参考文献)、平均分降低(此处需要参考文献)和更多的缺课(此处需要参考文献)等情况。遭遇暴力还可能干扰孩童和青少年时期重要的发展节点(此处需要参考文献)。

暴力的这些广泛的负面影响提示需要施加干预,以满足遭遇暴力后出现一系列症状的儿童的需求(此处需要参考文献)。然而干预这些遭遇暴力后出现症状的儿童的随机对照试验研究还很少开展。(注意:虽然你无需为这一论断列出参考文献,但需要做好为其辩护的准备。一个全面的综述就是最好的辩护。)基于我们以前的工作(此处需要参考文献),我们开展了一项检验针对抑郁症状的干预效果的随机对照试验。

报告或者研究论文中的所有论断,如果被要求“证明”,都要提供参考文献。出于科学上和伦理上的原因,参考文献应仅限于高质量的研究。另外,如果你打算发表自己的作品,有些杂志对引用的参考文献的数量做出了限制。

描述现有知识的文献综述经常被作为独立的报告发表。如果你查阅任何高质量的医学或护理杂志,都会发现无数系统考察某一主题的学科和技术现状的独立的研究文献综述的例子。这类综述在医疗保健领域十分重要,这一领域的新技术和研究不断出现,需要得到描述和评估。但健康专业人员并非唯一需要独立综述的人。诸如消费者联盟一类的消费者组织也使用它们帮助消费者做出关
【197】于产品的决策。

支持开展新研究的必要性和重要性

文献综述可以提供关于某项拟议中的研究的必要性和重要性的证据。举例来说,假设你开展一个教育项目,鼓励学生对作为一种职业选择的公共服务更具兴趣。再假设你想要获得资助去评估这个项目的效果。要得到资助,你需要做一个文献综述回答诸如此类的问题:这一项目为什么是必需的?更多学生愿意把公共服务作为职业选择会有什么社会效益?有没有正在开展的其他项目?如果有的话,为什么它们不如你提议的项目有效?要点是使资助方相信,文献支持你的说法,即新项目对于实现鼓励更多学生选择公共服务职业的目标是必需的。下面的例子显示了如何通过文献综述论证新研究的必要性和重要性。

居住在美国的南亚妇女是否得到了适当的预防性医疗保健?

南亚人是美国快速增长的一个人群。南亚移民源于印度、巴基斯坦、孟加拉和斯里兰卡。亚洲印度人的数量远远超过其他南亚
人,占美国所有亚裔美国人的 11.8%,达 786 000 人。位居其后的巴 【198】
基斯坦人有 82 000 人生活在美国。从 1980 年到 1990 年间,这两个群体的比例都增加了 110%。此外,亚洲及太平洋岛民群体(the Asian and Pacific Islander group,API)的数量预计 2050 年将增加到目前的四倍[Census of Population and Housing, 1993, #143]。鉴于这种预期的增长,美国必须作好准备把这些移民整合到其医疗保健制度中。

不幸的是,提供给移民的医疗保健面临多项挑战。诸如语言困难、安置方式、文化适应、健康理念和低自我效能[Jenkins, 1996, #125; Phillips, 2000, #127; Stephenson, 1999, #128]一类的障碍,既会影响急症保健服务的接受,更会影响预防保健服务的接受。无法获得预防保健将增加医疗费用,并极大提高发病率和死亡率[Fries, 1993, #26; Kattlove, 1995, #27]。

虽然许多去美国的移民都没有获得必需的预防服务，但是关于南亚人的数据尤为缺乏。在他们的故乡，通常只有得急病时才会得到治疗；他们当中只有极少数人能够享受全面的初级卫生保健[Berman, 2000, #140]。当这些移民抵达美国后，这类病人行为模式是否会保持下去，这一点还不得而知。

关于这一主题有必要开展一项全面的研究，以充分了解这一未经研究的群体获得了哪些预防保健服务。应该找出在提供预防保健服务方面存在的差距，以便政策制定者创设更具文化合理性的推广项目来鼓励预防保健服务的利用。还要识别与服务利用相关的因素，这样面向南亚病人的医生就能最大程度地提供恰当的预防保健服务。

上例括号中的姓名和数字(如[Berman, 2000, #140])是支持论述的参考文献，这些论述构成了作者的观点。这种格式是参考文献管理软件的典型格式。在这个例子中，Berman, 2000，是综述人的文献库中列出的第140项参考文献。

解释研究发现

通过将某一特定研究的结果与所有其他研究的结果进行比较，就可以通过文献综述的结果解释该研究的发现，说明如下。

南亚妇女未能获得一项非常重要的预防性保健检查

已经显示帕帕尼科拉乌(帕氏)涂片能够发现早期宫颈细胞异常，从而降低了宫颈癌的发病率和死亡率。[1] 生活在美国的时间较短
【199】是越南妇女接受帕氏涂片检查的一个负向预测因素。[12] 与此类似，基于文化适应"分数"的其他一些文化适应测量也发现，文化适应预测了印第安人和西班牙人对帕氏涂片检查的接受程度，[37,38] 以及语言障碍和在美年限短对华裔美国人利用保健服务有负面影响。[39] 因此我们的研究支持先前研究的发现，即文化适应和保健服务的总体利

用(特别是接受帕氏涂片检查)之间的正相关关系。

与之前的研究不同,我们没有发现年龄是接受帕氏涂片检查的一个重要预测因素。[40]这可能是因为我们的同期群中老年妇女的数量较少,因而限制了我们的研究有效评价样本中年龄对接受帕氏涂片检查影响的效力。

本例中参考文献用来支持以下发现:“因此我们的研究支持先前研究的发现,即文化适应和保健服务的总体利用(特别是接受帕氏涂片检查)之间的正相关关系。”文献管理软件将参考文献格式化成上标形式,如[1] 或[40]。文献管理软件提供了适合不同杂志要求的数百种格式。你可以很容易地从一种格式转换到另一种格式。

描述现有研究的质量

现有研究的质量指的是其方法学质量。最好的综述会详细描述文献的质量。这种描述是至关重要的,因为综述的准确性依赖于它所涉及的文献的质量。另外,文献的质量越高,相信和接受其结论的可能性就越高。

针对每一篇文章或每一项研究,综述人应该提出的问题包括:研究设计的内部效度如何?对后果的测量是否有效?是否对抽样程序进行了解释和论证?数据没有过时吗?研究是否存在明显的偏倚,比如由于没有对参加者进行“盲化”或者因为金钱上的利益冲突?

假设你希望确定孕期保健是否有助于预防早产(从末次月经起的怀孕期少于 37 周)和初生婴儿体重过轻(小于 2 500 克)。你做了一个文献综述,准备了下面两张表。

在第一张表(表 5.1)中,你列出了 22 项孕期保健项目评估的方法学特征。也就是说,你用该表汇总初次筛选出来的孕期保健文章的数 【200】
量和特征。在第二张表(表 5.2)中,给出了满足第二轮筛选的 5 项质量标准的 7 项研究的发现。在这个例子中,总共有 8 条质量标准。

表 5.1 筛选标准：第一部分

表 5.1　22 项孕期保健项目研究的方法特征

特　征	N(%)	参考文献
母亲的健康状况	19(86.4)	21,23~29,31~38,40~42
清晰描述实验项目	17(77.3)	21,23~28,30,33,36,37,39,42
统计表达	14(63.6)	21,24,26~30,32,34,35,37,39,41
有效的数据收集	13(59.1)	21,25,29,32,34,35,39,41
前瞻性数据收集	8(36.4)	24,27,28,32,36,37,41,42
妇女和婴儿的追踪数据	6(27.3)	23,24,28,32,36,41
随机进入研究	6(27.3)	21,22,30,35,40,42
【201】随机指派到组中	4(18.2)	27,32,37,41

问题：孕期保健评估的 22 项研究的方法特征是什么？

该表显示，86.4% 的研究考虑了母亲的健康状况，超过四分之三(77.3%)的研究对实验项目做了清楚描述，但是只有 27.3% 的研究提供了追踪数据、随机选择了参加者或者将选中的参加者随机指派到组。现在来看表 5.2。

表 5.2 筛选标准：第二部分——质量

问题：具备 8 项方法特征中的 5 项及以上的 7 个研究中考察了哪些项目和后果？

参看表 5.2，你可以得出结论，在综述之时，孕期保健项目的重点有很大的不同(有时候放在谁应该提供保健上，有时候则放在提供营养或戒烟信息上)。不出意外的是你也可以发现各个研究的后果也不尽相同，从婴儿死亡率、饮食质量、感染、减少吸烟到戒烟都有。

综合起来显示，除一个营养项目(Huggins et al.)对婴儿的孕龄有正向影响外，只有一个孕期保健项目(家长教育和家庭支持)对婴儿的出生体重和孕龄存在有益影响(Olds et al.)。

在表 5.3 中,你以表格的形式描述了每项研究的更多内容。

问题:开展研究的地理区域是哪里？涉及多少妇女？她们的年龄、种族、婚姻和教育状况如何？

如你在表 5.2 和表 5.3 中所见,对出生体重和孕龄有显著正向影响的那项研究的样本量为 189 名妇女。这些妇女来自加利福尼亚州的一个基本属于郊区的地区。将近 2/3 未婚,几乎半数(47%)为 19 岁及以下。

选择呈现哪些信息取决于问题本身和你的受众。例如对于关心如何确定项目重点的人,可以只用一张表格描述每项相关研究的目标。在表 5.4 中,只提供了研究目标。

其他的描述性表格可能包含的信息还有满足研究目标的研究数量,发表于特定时期(如 1950 年到 1960 年或者 1990 年到 2005 年之间)的研究数量,从参与者那里收集数据超过 12 个月的研究数量,研 【202】
究项目中包括儿童或者不包括儿童的研究数量,等等。

表 5.2 7 个满足综述标准的孕期保健项目

作 者	项目描述	出生体重	对孕龄的影响	其他后果
Able et al.	个案管理服务	*	NA	*婴儿死亡率 *成本 *免疫 *儿童养育知识
Eddie et al.	医学、心理和营养评估及服务	0	0	*免疫
Frank and Kine	护士助产士	0	0	NA
Huggins et al.	营养评估	0	*	*围产期死亡率 *胎儿生长迟缓

续表

作　者	项目描述	出生体重	对孕龄的影响	其他后果
Olds et al.	家长教育及家庭支持	*	*	* 肾脏感染 * 儿童期教育 * 服务知识 0 体重增加 0 酒精消费
Spender	家庭工作者	0	0	NA
Winston	戒烟	NA	NA	* 戒烟 * 吸烟减少

注:NA=未评估。

【203】 * 统计上显著的有益效果;0=不具统计显著性的效果。

表 5.3　实验项目参与者的人口学特征

作　者	样本量	地理区域	年　龄	婚姻状况	教　育
Able et al.	15 526	北卡罗来纳	15%<18	66%未婚	48%<12 年
Eddie et al.	125	盐湖城,犹他	100%<20	11%已婚	97%<中学毕业
Frank and Kine	667	查尔斯顿,南卡罗来纳	32%<20	45%未婚	63%<中学毕业
Huggins et al.	552	圣路易斯,密苏里	平均:22	82%已婚	未述
Olds et al.	189	圣费尔南多谷,加州	47%<19	41%已婚	平均:11 年
Spender	626	伦敦,英国	45%<19	25%已婚	45%中学毕业
【204】 Winston	102	伯明翰,亚拉巴马	23	未述	平均:11 年

如果说综述的目的是综合来自高质量研究的发现,你为什么需要这些额外的信息呢?为什么不能只提供摘要信息(如同表 5.1)?原因是你必须使文献综述的综合尽可能的准确,而保证这种准确性的一个途径就是将所有研究置于其背景中。这里所说的背景包括方法质量和其他研究特征。通过这些背景信息,你就能报告能够获取的研究的质量有多高,识别出哪些人群和项目对现有知识作出了贡献,哪些尚未得到很好或充分的研究。

表 5.4 在一个老人筛查量表的文献综述中的研究的目标

第一作者	目 标
Willenbring,1987	研究密歇根酒精依赖筛查量表的有效性,包括加权计分(MAST)和单位计分(UMAST)两种形式及其相应的短版本:BMAST 和 SMAST
Tucker, 1989	通过 3 个问卷确定饮酒的口头报告的充分性:SMAST、饮酒情况问卷、习惯性饮酒测量问卷
Werch,1989	比较 3 种估计酒精消费量的测量
Colsher, 1990	7 天和 21 天的每日消费量以及数量/频率指数
Moran, 1990	检查两种酒精消费量的测量:数量/频率和重度饮酒史确定一种两个问题的酒精依赖筛查量表的灵敏性和特异性(该量表之前未在老年人中使用过),并将其结果与 MAST 得分进行比较
Buchsbaum, 1992	评估 CAGE 问卷在识别有饮酒问题的老年门诊病人方面的表现
Fulop, 1993	考察 CAGE 和 MAST 作为一种酒精依赖和抑郁症简易筛查工具的应用
Jones, 1993	评估 CAGE 和 MAST 在识别老年病人有或没有酒精滥用方面的有效性
Chaikelson,1994	确定回溯性自填问卷"康科迪亚长期饮酒问卷"的有效性
Clay, 1997	比较 AUDIT 和 CAGE 问卷在筛查老年初级保健门诊病人的酒精滥用方面的作用
Bradley, 1998	检查 AUDIT 酒精消费问题:在老年男性初级保健病人中的可靠性、有效性和变化响应性
Fink, 2002	评估"酒精相关问题调查"的有效性。该调查被设计用于测量中老年人中的安全、风险和有害饮酒 【205】

描述性综合或综述

描述性文献综述者利用他们自己的知识和经验,通过评估高质量研究的目的、方法和发现上的异同,来对文献进行综合。描述性综合或综述的发现的有效性取决于综述人的相关专业知识和批判性想象以及可获得的文献的质量。

当随机对照实验或严谨的观察研究很少见甚至没有的时候，描述性综述尤为有用。如果有随机对照实验或严谨的观察研究，那么统计分析——元分析——则更为恰当。这类综述使用正规的统计技术将分散的研究结果综合起来。

描述性文献综述的例子

以下是描述性文献综述报告的例子。

例 1　安慰剂在疼痛治疗和研究中的作用[1]

综述目的。综述人的目标是估计安慰剂在疼痛治疗和研究中的重要性和意义。安慰剂是一种干预，被设计用来模拟治疗手段，但对目标病患而言其实并非一种特定疗法。它被用来产生心理效果或者消除实验情境中的观察者偏见。安慰剂效应指的是病人病情的变化源自某种治疗的象征性引入，而非实质性的药物或心理作用。安慰剂反应指的是在服用安慰剂后病人的行为或状况出现的任何变化。

方法。通过 MEDLINE（1980 到 1993）and PsycLIT（1967 到 1993）两
【206】个数据库检索英语文章和书籍、查阅参考文献目录以及专家咨询。

结果。3 本书和 75 篇文章被纳入综述之中。综述人发现安慰剂反应率变化很大，而且经常远高于预期。（目前认为大约 1/3 的病人会产生安慰剂效应）。和药物治疗一样，手术能产生很强的安慰剂效应。个体对安慰剂的反应并非一贯的。

结论。如果医生和病人都认为有效，安慰剂效应会对包括手术在内的任何治疗的效果都有影响。安慰剂效应加上自然的病程和趋均数回归，导致更好的治疗后果，而这种后果可能会被错误地归因于某种特殊的治疗效果。因为缺乏独立评估的随机对照实验，因而治疗后疼痛改善的真实原因还是未知的。

局限。没有描述选择这 75 篇文章和 3 本书的标准，也没有描述综述

人在他们的分析中重点讨论的研究的质量。由于缺少这类信息,我们对其结论存疑。

例 2 孕期保健的费用节省观点[2]

综述目的。美国的孕期保健公共开支得到了费用节省观点的支持。据说,孕期保健能够避免与低出生体重相关的费用和医疗负担。这种说法的证据是什么?

方法。对学术期刊和政府出版物进行了综述。在 18 年间的 100 项可以获取的关于效果和经济性的研究中,有 12 项涉及费用和费用节省问题。四项研究使用了来自包含目标费用而非估计费用数据的孕期保健实验,四项研究是对病人群体的调查,另外四项则是对费用节省的推算。

结论。在每项研究中,对有可能导致高估费用节省的方法问题进行了识别。这些方法问题包括不具可比性的对照组、未获支持的假设、孕【207】期保健费用的低估、低估克服非经济障碍以获取孕期保健的费用以及过分简化低出生体重频率变化与实际费用节省之间的关系。

局限。这一综述并未表明孕期保健性价比不高。事实上,作者指出,如果有更好的数据,孕期保健带来的费用节省能够更清晰地显现出来。此外,费用节省可能并非评估孕期保健项目的恰当标准。

例 3 健康差异领域的临床试验中报告种族/民族的充分性[3]

综述目标。美国的研究已经显示健康因种族和民族而异。正因为如此,美国政府支持的一项倡议已经要求在存在此种差异的疾病的临床研究中,应该更广泛地纳入少数民族。这项研究的综述人考察了已知存在健康差异的领域(如糖尿病,心血管疾病,艾滋病毒携带/艾滋病和癌症)中的临床试验中报告种族/民族的情况,以确定这项要求的实现程度。

方法。综述人通过 MEDLINE 检索了 1989 年 1 月到 2000 年 10 月间发表在《内科医学年鉴》、《美国医学协会杂志》和《新英格兰医学杂志》上的有关糖尿病,心血管疾病,艾滋病毒携带/艾滋病和癌症的临床试验。

结论。综述人发现，在找出的 253 项试验中，分种族/民族报告了分析结果的只有 2 项试验。在已知存在种族和民族差异的疾病中，几乎没有分种族/民族报告分析结果的。因此，综述人得出结论，虽然联邦政府倡议要求把少数民族群体纳入研究中，但是实际上并没有转化为能够指导治疗决策的报告结果。

局限。综述人的发现的一个重要局限是，只关注了选定的顶级综合医
【208】学期刊中的临床试验的报告。因为抽样框只包含这些杂志，因而读者群不同的其他杂志的报告可能不一样。

以下是描述性文献综述的一些实例。

Blank, L., Peters, J., Pickvance, S., Wilford, J., & MacDonald, E. (2008). A systematic review of the factors which predict return to work for people suffering episodes of poor mental health. *Journal of Occupational Rehabilitation*, *18*, 27-34.

Coffey, M. (2006). Researching service user views in forensic mental health: A literature review. *Journal of Forensic Psychiatry & Psychology*, *17*, 73-107.

Connolly, C, M., Rose, J., & Austen, S. (2006). Identifying and assessing depression in prelingually deaf people: A literature review. *American Annals of the Deaf*, *151*, 49-60.

Griffiths, K.L., Mackey, M.G., & Adamson, B.J. (2007). The impact of a computerized work environment on professional occupational groups and behavioural and physiological risk factors for musculoskeletal symptoms: A literature review. *Journal of Occupational Rehabilitation*, *17*, 743-765.

Magill-Evans, J., Harrison, M.J., Rempel, G., & Slater, L. (2006). Interventions with fathers of young children: Systematic literature review. *Journal of Advanced Nursing*, *55*, 248-264.

McMaster, K., & Espin, C. (2007). Technical features of curriculum-based measurement in writing: A literature review. *Journal of Special Education*, *41*(2), 68-84.

Mechling, L.C.(2007). Assistive technology as a self-management tool for prompting students with intellectual disabilities to initiate and complete daily tasks: A literature review. *Education and Training in Developmental Disabilities*, *42*, 252-269.

Shaw, W., Hong, Q. N., Pransky, G., & Loisel, P. (2008). A literature review describing the role of return-to-work coordinators in trial programs and interventions designed ti prevent workplace disability. *Journal of Occupational Rehabilitation*, *18*, 2-15.

Stallwitz, A., & Stover, H. (2007). The impact of substitution treatment in prisons: A literature review. *International Journal of Drug Policy*, *18*, 464-474.

Yudko, E., Lozhkina, O., & Fouts, A. (2007). A comprehensive review of the psychometric properties of the Drug Abuse Screening Test. *Journal of Substance Abuse Treatment*, *32*, 189-198.

元分析

做一下这个正—误测验		
正确(T)还是错误(F)？		
辅导提高 SAT 分数。	T	F
防晒系数 15+的防晒霜的抗皱效果好于面霜。	T	F
通过节食或药物或两者结合降低血清胆固醇浓度能够减少男性冠状动脉问题的发生率。	T	F

【209】

答案是错误、正确和正确。我们是怎么知道的？答案来自于七项高质量研究发现的结合。采用一种称作元分析的方法将这些研究整合了起来。

元分析使用正规的统计技术概括相似但独立的研究的结果。换个说法，元分析整合或者组合关于某一主题的不止一项研究的数据，从而得出基于大量研究的结论。通过结合研究发现以增加研究数量可以比任何单一研究提供更高的统计效力。举例来说,在上面的正误测验中,结合了 36 项关于辅导对 SAT 分数作用的研究的结果。元分析也具有定性分析的特征,因为它把很多主观因素纳入考虑之中,如研究设计的好坏和内容覆盖范围。

以下讨论特别针对元分析结果的使用者。涉及一些统计问题(如比率和风险的计算和统计检验背后的概念以及置信区间),因为它们是大多数元分析的基本组成部分。即使你不打算自己做元分析,你也应该继续读下去,因为你一定会遇到作为文献综述过程一部分的元分析研究(和那些自称元分析的研究)。

元分析的目标是什么:7 个步骤

元分析是对相关研究的统计综合,以得出基于大量研究的结论。**效应量**(effect size)的概念对元分析十分重要。效应是后果出现于总体中的程度。它是两组——通常是治疗(试验)组和对照组——之间存在多大差异的指数。如果研究的结果是连续的(举例来说,得分从 1 到 100 或者血压测量),则效应量被定义为干预组和对照组的平均值或平均分的差值除以对照组或者两个组的标准差。如果后果是分类变量,效果量可以是比例;如果是关系,则为相关系数。效应量也可以表现为比值比或相对风险之间的差异。(参见本章后面的“统计插
【210】曲”一节)

在元分析中,效应量被从统计上整合起来。假设你正在综述低脂饮食对血压的影响的文献。一般来说,综述中的每项研究都会计算反映了结果的大小和方向的效应量。例如鱼油的积极效果可以从低脂饮食组和非低脂饮食组的平均血压差(可能会除以组内标准差)表现出来。如果低脂饮食组的干预后血压较低,就是正向信号,反之则是负向信号。作为第二个例子,考虑一组关于阅读态度是否与年龄相关的研究。效应量可以是年龄和满意度(作为“态度”概念的一个组成部分)之间的相关系数,正相关表明年长学生的满意度高于年轻学生。在这个例子中,效应量是两个变量之间关系大小的表达。

有许多方式可以界定平均或典型效应量。其中最常见的是加权平均值，而权重是根据研究的规模赋予的。其背后的逻辑是基于较大型研究的效应量比较小型研究的效应量更为稳定，因此应该给予更高的权重。但这也可能是误导性的，例如，假设大型研究中的干预本质上较弱，因而其影响不及小型研究中较强的干预。根据研究规模加权的平均效应量将会产生偏向弱干预的系统性偏倚，并导致悲观的结论。因为这一点，许多元分析者呼吁同时报告加权和未加权的效应量。

以下是完成一项全面有效的元分析所必需的 7 个步骤。当使用元分析时，应逐一核对每一步骤的完成情况。

元分析的 7 个步骤

1.阐明分析的目的。

2.设定研究取舍的明确标准。 【211】

3.详细描述检索文献使用的方法。

4.采用标准化的取舍研究的程序检索文献。

5.采用标准化程序从各项研究中收集(“抽取”)有关研究目的、方法和效果(结果)方面的数据。

6.详细描述综合结果所采用的统计方法。

7.报告结果、结论和局限性。

作为元分析综述人，检查 7 个步骤每一步的完成情况。

步骤 1：元分析的目标是否清楚？ 目标是开展分析的目的。元分析已经应用于多种多样的主题，诸如学校预防吸烟计划、青少年赌博问题、消费者选择和潜意识广告、剖腹产及其心理后果、静脉溶栓对急性心肌梗死的有效性以及电击在抑郁治疗上的应用。

元分析是一种研究方法，因而目标(研究问题、假设)设定必须先于其他活动。作为使用者，你必须知道元分析的目标，然后才能评估纳入(或者排除)的研究的适当性，确定整合研究的方法的充分性，以及评估研究者的结论的正确性。

步骤 2：取舍标准明晰吗？[4] 保守的元分析实践者断言只有真实验或随

机试验才能够被纳入元分析中,更自由的实践者则接纳所有高质量的研究,他们经常根据研究设计特征(诸如随机或非随机指派)对其进行分组,以便估计较高和较低质量的研究的结果之间是否存在差异。用来对不同质量研究进行单独分析的技术称为**灵敏度分析**。作为综述人或使用者,你应该检查并确定元分析者界定和说明了质量标准,并
【212】且没有把高质量研究与低质量研究(没有充分理由地)混在一起分析。

步骤3:检索策略得到详尽描述了吗? 综述人应该描述他们用于获取文献的所有数据库和检索词。确保所有可能相关的研究都被纳入也很关键,这就是说要纳入那些负向结果的研究,甚至是那些尚在进行中的研究。要避免成为"发表偏倚"的牺牲者。**发表偏倚**这个词意指综述不公正地青睐已发表研究的结果。已发表研究与未发表研究的可能差别在于前者更倾向于正向的研究发现。估计偏倚程度的一般法则是,如果综述找到的数据来自高质量研究并且在方向上相当一致,那么一定也存在大量推翻该结果的相反的发现。

有一些统计技术可以用来处理发表偏倚。有公式可以用来估计已发表的显示项目间无差异的研究数量,在具体操作上,需要将这些项目在统计上显著的集合差异(pooled difference)转化为不显著差异。如果元分析中未发表研究的数量相对少于已发表研究的数量,那么就要关注可能的发表偏倚。

其他方法包括估计每个研究组所属的总体的大小。使用这一信息和研究的样本量,就可以分别计算每项研究可能的发表偏倚。还可以采用软件将效应量作为样本量的函数作图,以此来观察发表偏倚。一些研究者建议尽量在元分析中使用这种图示技术(被称为漏斗图),如果研究的数量比较充足的话。

步骤4:是采用标准化程序进行的文献检索吗? 元分析的第四个步骤
【213】是检索各项相关研究。通常由两个或者更多综述人确定所有研究的质量。为确保综述的一致性,应准备一个筛选程序。这意味着每项研究以统一的方式被综述。以下是标准化程序中典型的问题类型。

老年饮酒研究的质量筛选部分

界定了这些术语吗？	1.是	2.否
酒精中毒	1	2
重度饮酒	1	2
问题饮酒	1	2
酒精依赖	1	2
酗酒	1	2
酒精相关问题	1	2
危险饮酒	1	2
有害饮酒	1	2

是否提供了证据表明下列测量工具对于65岁及以上者有效？

酒精中毒	1	2	NA
重度饮酒	1	2	NA
问题饮酒	1	2	NA

是否按计划收集了研究数据？

是	1
否	2

分析是否包括所有参加者，而不论他们是否完成了整个项目？

是	1
否	2

为使偏倚最小化，有时不告诉综述人作者姓名、研究目标或研究地点。在每一位综述人完成了针对所有研究的调查表后，对不同综述人的结果进行比较。通常，结果的差异通过综述人之间的讨论解决，【214】或者通过作为仲裁者或“黄金标准”的第三者协调解决。这种方法在

各类文献综述中广泛使用。

在选择进入元分析的研究时,一种常用的方法是通过评分。例如,每项研究被赋予一个 1 到 100 之间的分值,同时设定一个临界分。如果临界分是 75,且分数越高越好,那么只有得分在 75 分及以上的研究才会被纳入元分析。在另外的情形中,设定某种最低标准,只有满足这些标准的研究才会被纳入分析当中。例如,如果确定了 8 个质量标准,可以规定只有满足至少 6 项标准的研究才会被纳入元分析。另外,如果设定 8 项质量标准,还可以把既满足 8 项标准中的一定数量的标准,又符合随机选择参加者(或有效的数据收集,或追踪超过一年,或数据收集持续至少 10 个月,等等)的研究纳入分析中。

筛选标准以及确定是否符合标准的方法是主观的。应检查元分析的作者是否充分论证了他们对筛选和选择标准的抉择。

步骤 5:收集数据是否采用了标准化的程序或抽取形式?[7] 一旦选定研究,就会对其进行查阅,抽取其信息。关于筛选程序,有效的数据收集经常要求至少两位综述人使用一套标准程序。应该介绍这些程序,并且使读者能够在综述中、网站上或直接从综述人那里获取。

检查分析报告是否使用了非专家综述人来抽取文献。这些非专家可能对本主题甚至文献综述都了解不多。如果采用非专家收集数据,确定作者是否讨论了综述人所受训练的类型,以及是否存在"质量控制"的方法。专家监督是典型的质量控制方法。经常由一个或多个元分析作者扮演质量控制者的角色。这些人——作为黄金标准——抽取部分或所有研究。将所有综述人的结果进行比较,对差异进行协调。应该讨论综述人之间的一致程度。可以利用 kappa(κ)这一统计值通过调整偶然产生的一致来评估一致程度。[8]

步骤 6:作者充分解释了他们整合或者"汇合"结果的方法吗? 大多数
【215】常用的元分析方法的一个基本假设是,你可以汇合(合并)单个研究以产生一个汇总度量,因为所有的研究结果是同质的,反映了同样的"真实"效果。如果存在差异,那纯粹是因为偶然性(抽样误差)造成的。如果这一假设正确,那么当研究整合到一起时,将会消除所有随机误差,产生一个元研究。元研究——许多研究的合并——被认为好于单

个研究。

在大型的元分析中,你会遇到各项研究的结果不一致的情况。有时候这种不一致只是由于偶然性造成的,但并非总是如此。其他因素,如研究背景或者参加者的年龄和社会经济状况的不同,也可能是原因。与**同质**性的(任何观察到的变异是由偶然性造成的)不同,研究也可能是**异质**性的(观察到的变异是由设计、背景、抽样方面的原始差异引起的)。

在综述假设研究结果同质的元分析的结果时,检查一下作者是否系统论证了其关于研究结果具有同质性或可比性的假设。同质性检查(也称作同质性检验)可以以图形或者统计,或者两者结合的方式进行。同质性检验的统计学方法包括比例的卡方检验和回归。一般认为好的做法是基于理论或其他经验去考虑变异来源,而不论同质性检验的结果如何。这些检验警示研究者,效应量的差异可能是由于受到因研究而异的对干预的影响。因此显著的同质性检验结果要求元分析者寻找研究背景或参与者特征的不同,非显著的检验也可以这样做。

汇合结果:一个案例研究

假设你对看电视如何影响孩子行为感兴趣,还假设你真的相信电视对孩子行为(特别是在鼓励暴力行为方面)有显著影响,你希望获取支持你观点的证据。在元分析中,你(或者元分析的作者)首先搜集相 【216】
关研究:那些比较了看电视和不看电视的孩子的研究。接下来你将每项研究发现与电视对行为没有影响的假设作比较。没有影响的假设称作**零假设**,所以在元分析中,你将每项研究发现与零假设作比较。如果零假设(无影响)是正确的,研究与研究之间的比较将围绕零效果随机波动。把它们综合在一起的结果也会在0附近,因为各种偶然结果将会相互抵消。但是如果研究一致地观察到效果,比如孩子暴力行为的增加,那么就要把比较合并起来,并与零假设进行明确比较。

一种流行的统计技术——Mantel-Haenszel-Peto 方法假设,解决相同问题的研究,除非有偶然情况发生,否则应该得出同向性的结果。唯一的直接比较是同一项实验中的实验组和对照组的比较。基本的逻辑是针对每项研究分别计算一个统计值及其方差,然后将各个统计值加总起来,除以它们的方差之和,产生一个包含总方差的统计值。下面通过三个假想研究说明这一方法。

计算三个研究的差异总和

研究 1:差异 1(实验组对对照组)
研究 2:差异 2(实验组对对照组)
研究 3:差异 3(实验组对对照组)
总和:差异 1+差异 2+差异 3

方差的总和可以通过每项研究的各个差异的各自方差的加总而得。

应用元分析的第一步是同时纳入各项研究,然后计算如果实验性干预或项目(如选择性的电视观看)事实上无效而在实验组中预期的后果(如儿童表现出来的暴力行为)的数量。然后将实验组中
【217】实际**观察到**的后果数量(*O*)减去**预期的**后果数量(*E*)。如果项目实际上对后果无效,那么除了偶然造成的不同外,这两个数字应该是相同的。然而,如果实验项目比对照项目在减少后果发生方面更有效,实验组中见到的后果(即较少的暴力行为)就会比预期的少(*O* 减去 *E* 的结果为负值)。如果实验项目增加了后果的发生,实验组中观察到的后果将比预期更多(*O* 减去 *E* 的结果为正值)。

把这些单个的 *O-E* 的差值及其方差加起来,就能计算得出一个统计值(及其方差),这个统计值反映了所收集的研究的实验组和对照组之间可观察到的"典型的"差异。这个典型统计值可以用于零假设的检验,也可以用于估计差异效果的可能大小和价值。(零假设是说实验项目与对照项目的效果相同,或者换句话说,实验组和对照组之间不存在差异。)对差异效果的估计可以表述为比值比(或相对风险)及相应的置信区间。置信区间提供了一个差异"真实"值的可能范围。关于风险和比值的更多信息,参见"统计插曲"一节。

步骤 7：报告中是否包含结果、结论和局限性分析？元分析的结果指的是数量、比例、比值比、风险比、置信区间和其他统计发现。结论是来自统计数据的推论。局限性是由抽样、研究设计、数据收集和未涉及或未回答的研究问题所引起的对内部和外部效度[9]的威胁。

以下是典型的元分析的结果、结论和局限性分析。

几个元分析结果的实例

报告事实

1.按时赴约 【218】

• 从各种来源总共找到 164 篇文章。其中 95%来自电子检索。评估引文的可能相关性的简单一致程度上，来自 MEDLINE 的引文的一致程度是 83%（$\kappa=0.66$）[10]，来自 PsycLIT 的是 98%（$\kappa=0.95$）。选择了 88 篇可能相关的文章。这 88 篇文章中的 33 篇属于随机对照试验。这 33 项研究中的 10 项没有将赴约作为主要测量后果加以报告，或者没有提供能够制作列联表的充分数据，剩下的 23 篇文章具有高相关性和科学性，可供进一步综述（82%一致；$\kappa=0.62$）。

• 平均的守约率为 58%。邮件提醒和电话催促有助于降低失约（比值比为 2.2，置信区间[CI]=1.7 到 2.9；比值比 2.9，CI=1.9 到 4.3。）

2.降低血压

• 在对 1 131 名高血压患者的 28 次试验中，平均减少（95% CI）的每日尿钠排放量（一个饮食钠摄入量的替代指标）为 95 mmol/d（171—119 mmol/d），在对 2 374 名非高血压患者的 28 次试验中为 125 mmol/d（95—156 mmol/d）。针对老年高血压患者的实验中血压的下降更多，对于那些吃制备餐和生活在机构环境之外的非高血压患者的试验则效果较小或不明显。

3.使用雌激素

• 经历任何类型更年期的妇女，除非至少使用 5 年雌激素，否则并不会导致风险增加。

元分析结论实例

来自数据的推断

1.按时赴约

【219】 • 在医院背景下,守约是患者遵从医疗干预的一种准确测量,可以通过邮件或电话提醒减少失约情况。

2.降低血压

• 可以考虑对老年高血压患者的饮食钠摄取进行限制,但非高血压人群的证据不支持目前推荐的对饮食钠摄取的限制。

3.使用雌激素

• 虽然对许多妇女而言,更年期后雌激素替代疗法的综合好处超过风险,但我们的分析表明长期使用雌激素会导致乳腺癌风险的微小但统计上显著的提高。

局限性分析实例

对内部和外部效度的威胁

• 我们的兴趣在于那些按时赴约能够确保医疗目标实现的场景,如流感疫苗注射。结果不能有把握地外推到病人自行安排持续治疗的场景。

• 有一些证据表明存在混杂因素,导致钠摄取没有变化而血压降低,但是其来源报告里没有提及。

元分析在方法的严谨性上应该与其综述的研究相同。你应该检查对内部和外部效度的威胁,然后确定综述人是否已经表明尽管存在这些威胁,他们的分析仍然有效。例如在雌激素替代疗法的元分析
【220】中,综述人注意到需要开展进一步的研究,以确定不同的雌激素制剂

是否会对乳腺癌产生不同的风险，以及孕激素的使用是否会影响乳腺癌风险。

元分析的图示

描述元分析结果的方法之一是把结果呈现在图形中，如图 5.2 所示。此图比较了实验组和对照组中暴力行为的数量以及 5 项研究中暴力行为的信息。每项研究被赋予一个识别码（如 1013 或 1016）。识别码是随意赋予的，放在第一列中。

第二列列出了每项研究参与者的数量。可以看到，1013 号研究的对照组有 36 人，而 1016 号研究的对照组有 211 人。第三列描述了对照组中出现的暴力行为的数量和比例。例如 1013 号研究的对照组中出现了五起暴力行为，也就是说占全部对照组人数的 13.9%。

第四列包含实验组的人数，第五列包含暴力行为的数量。（在这个例子中我们假设没有人实施一件以上的暴力行为。）

图形右侧包含每项研究的比值比（通过比较实验组和对照组得到）的 95%置信区间。本研究的置信区间相互重叠（从黑色圆点发出的线条），所以你可以很容易地看到，研究结果倾向于支持实验组。

固定效应与随机效应

在评论元分析时，经常遭到批评的是综述人对称作**固定效应**与**随机效应**的一或两个模型的选择。固定效应模型假定所有实验是相似的，因为它们具有相同的潜在处理效果。所以，观察到的结果的差异被认为只是由于偶然性（每个研究内部的抽样误差）。

随机效应模型假定每项研究估计的都是独特的处理效应，即使有大量数据，仍然可能与另一项研究中的效应不同，因而随机效应模型 【221】
是把不同研究的处理效应的潜在异质性考虑在内了。与固定效应模型相比，随机效应模型在联合估计处理效应时对小型研究给予了更高权重。当不同研究的处理效应不存在异质性时，固定效应和随机效应模式是等效的。

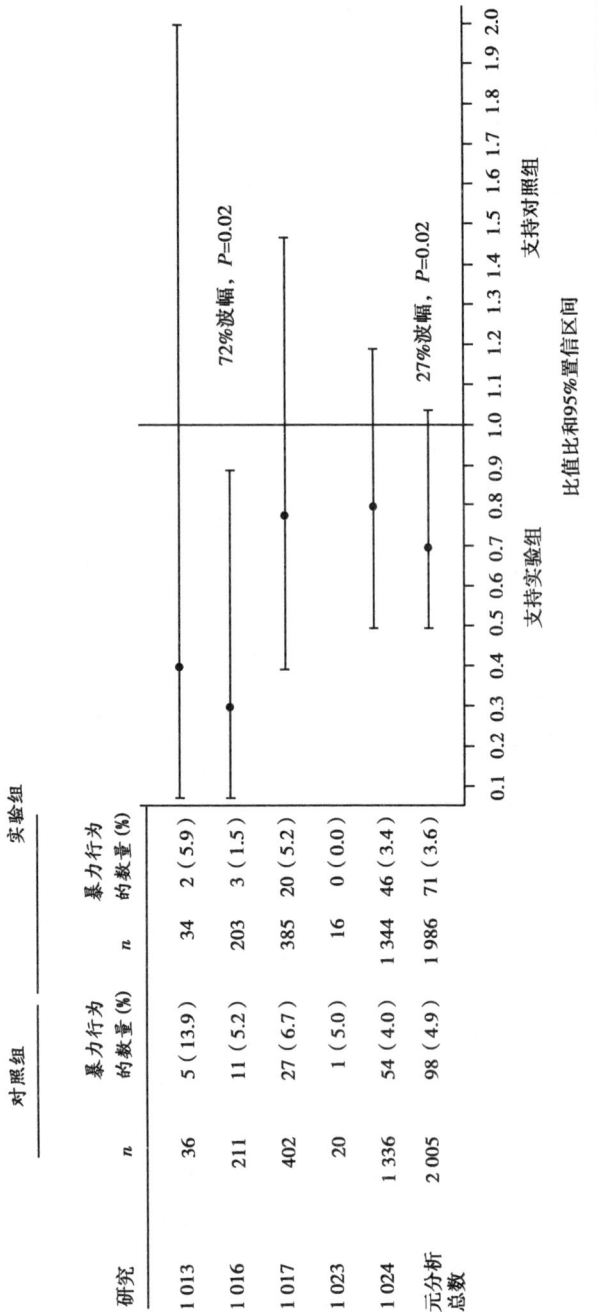

【222】

研究	对照组		实验组	
	n	暴力行为的数量(%)	n	暴力行为的数量(%)
1 013	36	5（13.9）	34	2（5.9）
1 016	211	11（5.2）	203	3（1.5）
1 017	402	27（6.7）	385	20（5.2）
1 023	20	1（5.0）	16	0（0.0）
1 024	1 336	54（4.0）	1 344	46（3.4）
元分析总数	2 005	98（4.9）	1 986	71（3.6）

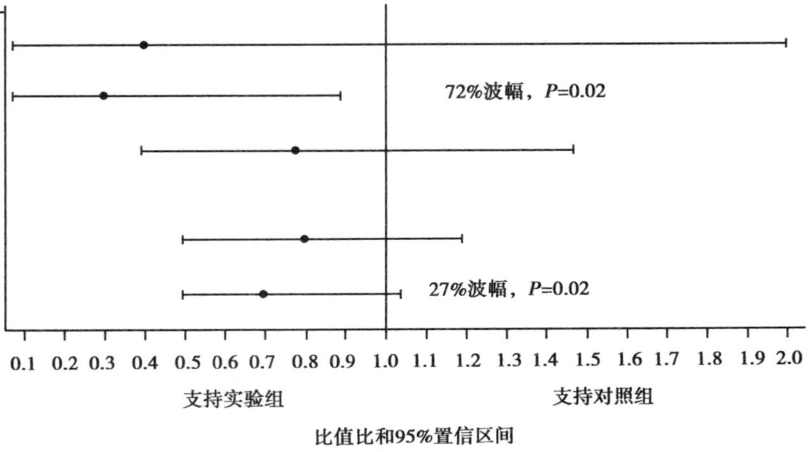

图5.2　分参与者的各个实验和元分析的假想结果

哪一种方法——固定效应还是随机效应更好一些？虽然每种方法都有其支持者，但是选择或许取决于情境。研究者首先使用固定效应模型对处理效果的同质性进行统计检验的情况并非少见。如果不同研究的效果并不相同，研究者就采用随机效应模型（使用统计方法）获取对研究间方差分量的估计。

一些研究者认为要解决固定和随机效应的争论，就在于分析的是参与所有研究的人数还是研究的数量，如下面的讨论。

关于固定效应和随机效应的一种观点：参与者的数量与研究的数量

元分析 A：我们综述了 10 项改善福利制度的研究的方法。超过25 000人参与了这 10 项研究。我们的结论基于这 25 000 人。对于这么大的样本量来说，我们的置信区间相对很小。

元分析 B：是的，置信区间很小，但是你的发现只能推广到原始研究的合格的新参加者，而我们感兴趣的是将调查结果推广到其他研究中。因此我们要把重点放在这 10 项研究上。这是一个随机效应模型。因此，我们的样本量较小，并且置信区间较宽，但却具有更好的普适性。

累积元分析

累积元分析是一种技术，能够找出整合许多研究（几乎总是随机对照试验或真实验）后的结果首次达到给定统计显著水平的时间节点。这一技术也能揭示出某种干预未来是否会逐渐占优，以及是否可以预期处理效果中会存在的微小差异，并且允许研究者评估每项新研究对处理效果的联合估计的影响。【223】

大型研究与小型试验的元分析:结果比较

将元分析的结果相互比较以及与大型研究结果比较的文献十分少见。一些证据显示小型研究的结果通常与大型研究的结果相符,但相异的情况也确有发生。这种差别可能是由元分析中主要研究的质量、程序差异和发表偏倚引起的。

许多不同的小型研究的结果可能真实反映了现实世界中发现的处理效果的天然异质性,而这也正是开展元分析的一个好处。然而大型研究可能能够对某一特定问题做出更精确的回答,特别是当处理效应不大但实际上却很重要的时候。大型研究和经过整合的小型研究结果都是有用的信息来源。

支持者和批评者

元分析的许多有影响的支持者坚持只有正确随机化的试验才能纳入元分析之中。他们还主张研究必须采用**意向治疗分析**(intention-to-treat analysis)才是有效的。意向治疗分析包括所有被随机纳入分析的参加者(如病人、学生、职员),而不管他们是否符合所有实验规则或者是否完成了项目或干预。举例来说,一项研究将退出者排除在数据分析之外,就不属于意向治疗分析。

元分析的批评者指出,这一技术本质上是观察性的,因而具有观察研究所有的弱点。观察研究(不像实验研究)只能处理那些现有的数据。

元分析的批评者还认为,这项技术的不确定性可能确实会带来误导性的结果。许多统计问题尚在争议之中,包括使用何种方法和模型,比值比是否以及何时高估了风险的相对变化(特别是如果事件发
【224】生率较高),以及发表偏倚和其他来源的偏倚的影响。

支持者指出,尽管存在缺点,但当若干研究的结果不一致、单个研究的样本量相对较小或者不可能开展大型研究及时回答紧迫问题时,元分析仍然是解决重要问题的一种系统化方法。即使是批评者也认

同元分析可以被视为一种以统一尺度展现不同研究的结果的方式。

你可以购买软件为你实际完成元分析的某些工作。这些程序能够创建或引入研究数据库，分析对所有样本或者亚群体的效应，并且展示图形化的结果。要想得到这些程序，可以使用你最喜欢的搜索引擎并搜索元分析这一关键词。

展现元分析结果

元分析的结果可以通过图表显示。表5.5是描述元分析结果的一个表格的例子，该分析研究的是当与对照组相比较时一个假想干预的效果。

表5.5 假想元分析所包含的研究中的后果

参考文献	干预组*	对照组*	绝对风险减少或ARR(%)(干预—对照)	需要治疗的人数(1÷ARR)
36	83/103	71/102	11.0(-0.9~22.5)	9(4~-11.3)
24	9/33	10/39	1.6(-18.1~21.9)	61(5~-6)
42	66/87	44/71	13.9(-0.5~27.9)	7(4~-195)
37	102/274	66/256	11.4(3.5~19.1)	9(5~28)
41	277/392	247/382	6.0(-0.6~12.5)	17(8~-171)
40	16/96	13/93	2.7(-7.8~13.1)	37(8~-13)
38	116/48	48/459	15.4(10.5~20.4)	6(5~10)
39	14/80	4/74	12.1(1.8~22.4)	8(4~54)
小计(联合估计)	600/1 410	432/1 374	10.5(7.1~13.9)	10(7~14)

注：括号中的数值表示95%置信区间。

*在后续跟踪中体现积极效果的人数比例。

这张表揭示了什么？看最后一行，标着“小计”，你可以看到总的绝对风险的减少是10.5%(95% CI：7.1 %至13.9%)。总的**需要治疗的人数**(number needed to treat，NNT)，界定为1除以绝对风险减少，是

10(7 到 14)。NNT 是理解元分析结果的一个核心概念。它被界定为需要接受“治疗”(给予干预)以避免一个坏后果的人数。它是风险差的倒数。在这个例子中,各个研究的 NNT 从 6 到 61 不等,并且所有的结果都在一定程度上支持干预。有两项研究的 NNT 值尤其高(参考文献 24 和 40)。

元分析实战:例子

以下是已经发表的元分析的例子。选择它们是因为其主题和方法的重要性。并未试图包含所有的方法、结果和结论,也未试图只选
【225】择包含最普通方法的研究。除非综述者熟悉所有的社会、行为和健康科学领域中的研究方法,否则他或她总会遇到不太熟悉的术语和方法。之所以选择下面的例子,是因为它们说明了开展和评议元分析的关键点。

例 1: 雌激素替代疗法对乳腺癌风险的效果的元分析[11]

综述目的。综述人考察雌激素替换疗法的持续时间对乳腺癌风险的影响。

【226】

方法。作者进行了一次电子检索,辅以参考文献中的研究和专家的推荐。两名综述人采用明确的取舍标准,并对不一致进行会商。三名流行病学家综述了符合合格性标准的研究的方法。根据其方法学性质,每项研究被赋予一个分数。结果按照高、中、低质量分别汇总起来。为了量化雌激素替代疗法对乳腺癌风险的影响,综述人将乳腺癌相对风险的“剂量—反应”曲线与使用雌激素的时间结合起来。[剂量—反应曲线表现的是随着“剂量”的增加(在本例中即“暴露”于雌激素替代疗法的时间)风险的增加程度。剂量—反应曲线指的是每使用 1 个月雌激素,乳腺癌相对风险的平均变化]。通过汇总的剂量—反应曲线,综述人可以计算出每使用一年雌激素

乳腺癌风险增加的比例。

结果。元分析发现,经历任何类型更年期的妇女,至少使用雌激素 5 年以上,才会出现风险的增加。综述人发现,在使用雌激素 15 年后乳腺癌的风险增加了 30%。

结论。虽然对某些妇女而言更年期后雌激素替代的综合效益超过了风险,但分析支持长期使用雌激素会导致乳腺癌风险有微小但统计学上显著的增加。需要开展进一步的研究,以确定围绝经期和后绝经期的妇女使用雌激素是否会产生不同的乳腺癌风险,以及孕激素使用是否影响乳腺癌风险。家庭史也是一个重要的考虑因素。

例 2:饮食中钠的限制与血压的关系[12]

综述目的。这项综述是为了找出限制饮食中的钠(盐)是否能够降低高血压患者以及血压正常者的血压。

方法。进行了一次以英语为目标语言的计算机文献检索,检索限制在具有医学主题词(血压、高血压、血管阻力、钠和饮食、饮食与钠限制、氯化钠、临床试验、随机对照试验和前瞻性研究)的人文研究领域。还对综述文章和个人文档的目录进行了检索。通过对方法部分的盲审,综述人只选择了满足如下条件的试验:随机指派至对照组和饮食钠干预组,定时监测钠排泄,对包含收缩压和舒张压在内的后果都进行了测量。两名综述人抽取数据。方法学质量标准包括:随机化方法的充分性、盲化的程度、完成整个试验的参与者所占的比例,以及达到目标钠的比例。使用 Kappa 统计值测量了综述人之间的一致程度,进行了同质性检验,采用回归方法探索了各项研究的血压效果的方差来源。 【227】

结果。56 项研究被纳入。实验中老年高血压患者的血压下降较为明显,那些吃制备餐和生活在机构环境之外的非高血压患者的血压有小幅且不显著的下降。

【228】 **结论**。限制饮食中的钠对高血压的老年人是可以考虑的,但在正常血压的人群中,证据不支持目前推荐的限制饮食钠摄取。综述人还发现有证据显示,存在有利于报告血压降低的小型研究的发表偏倚,以及不同研究的血压反应存在显著异质性。

例3:异黄酮(大豆植物雌激素)[存在于大豆、苜蓿和豆类中]对胆固醇的效果[13]

综述目的。确定异黄酮(大豆植物雌激素)对血清总胆固醇(TC)、低密度脂蛋白胆固醇(LDL)、高密度脂蛋白胆固醇(HDL)以及甘油三酸酯(TG)的影响。

方法。综述人检索了以下数据库:ACP 杂志俱乐部,1991 年到 2002 年 10 月; Cochrane 对照试验注册库,2002 年第 3 季度; Cochrane 系统综述数据库,2002 年第 4 季度; 有效性综述文摘数据库,2002 年第 4 季度; 英国护理索引(BNI), 1994 到 2002 年 10 月; 癌症数据库(CANCERLIT), 1975 到 2002 年 10 月; 护理学数据库(CINAHL),1982 到 2002 年 10 月第 4 周; CSA—生命科学文集, 1982 到 2002 年 10 月; 荷兰医学文摘数据库(EMBASE), 1980 到 2002 第 4 周; 国际制药文摘, 1970 到 2002 年 10 月; PREMEDLINE(最新文献临时库),2002 年 10 月 27 日;以及 MEDLINE,1996 到 2002 年 10 月第 4 周。我们采用 Ovid 软件 re16.2.0 版, 检索下列关键词:大豆,大豆蛋白质、黄豆、豆腐、植物雌激素、异黄酮、三羟基异黄酮、二羟基异黄酮、芒柄花黄素和生原禅宁-A。综述人在检索期间没有对语言做出任何限制。通过手工检索从已获取的研究中获取相关文章,未发表的文章则通过咨询专家获取。综述人还通过搜索 Clinical Trials. gov, 英国国家研究登记(UK National Research Register)和对照试验综合登记(Meta-register of controlled trials)等网站获取正在进行中的试验。使用 Review Manager 4.2 软件计算固定效应模型的联合风险差。

结果。元分析涉及 17 项研究（21 对照）的 853 名被试。受到异黄酮片显著影响的是：血清总胆固醇，0.01 mmol/L（95% CI：-0.17-0.18，异质性 p=1.0）；低密度脂蛋白胆固醇（LDL），0.00 mmol/L（95% CI：-0.14-0.15，异质性 p=0.9）；高密度脂蛋白胆固醇（HDL），0.01 mmol/L（95% CI：-0.05-0.06，异质性 p=1.0）；以及甘油三酸酯（TG），0.03 mmol/L（95% CI：-0.06-0.12，异质性 p=0.9）。离析大豆蛋白（isolated soy protein，ISP）、大豆饮食或大豆蛋白胶囊等形式的异黄酮干预因为异质性太高而无法整合。

结论。每天服用 150 毫克的离析或混合异黄酮片，对于血脂似乎没有全面的统计学或临床上的好处。需要进一步研究大豆蛋白质形【229】式的异黄酮干预，弄清是否需要与其他大豆成分结合才能产生协同效应。

统计插曲

风险和比率

典型的，元分析仰赖风险和比率描述特定效果发生或不发生的可能性。它们是描述效果的可相互替代的方法。举例来说，假设每 100 个头疼的人中，20 个人的头疼可以被描述为严重。严重头痛的**风险**是 20/100 或 0.20。患上严重头痛的比率通过严重头疼的人数与非严重头疼的人数（100-20 或 80）相比而计算出来，亦即 20/80=0.25。风险和比率的区别如下。

比率和风险：比较及对比

出现后果的人数	风险	比率
100 中的 20	20/100=0.20	20:80=0.25
100 中的 40	40/100=0.40	40:60=0.66
100 中的 50	50/100=0.50	50:50=1.00
100 中的 90	90/100=0.90	90:10=9.00

因为风险和比率其实只是谈论同种关系的不同方式,所以可以从一个推算出另一个。将风险转换成比率只需要将风险除以 1 减去风险。将比率转化为风险只需要将比率除以比率加 1。

$$比率 = \frac{(风险)}{(1 - 风险)}$$

$$风险 = \frac{(比率)}{(1 + 比率)}$$

当后果不常见时,风险和比率的数值差异很小。然而当后果常见
【230】时,就会出现差异。例如,如果 100 个人中有 20 人头疼,风险和比率是相似的:分别为 0.20 和 0.25。如果 100 个人中 90 个人头疼,那么风险是 0.90,而比率是 9.00。

相对风险(风险比)和比值比

风险和比率都被用来描述某一特定后果在组(比如头疼与无头疼组)中发生的可能性。但是风险和比率也能被用于组间(比如实验组和对照组)比较。这时,你比较的是后果将要发生的**相对**可能性。**相对风险**表达的是特定后果在实验组中的出现风险相对于在对照组中的出现风险。**比值比**描述的是实验组中后果的比率与对照组中比率的比较。

下表比较了相对风险和比值比。

相对风险和比值比之间的关系

	实验组:选择性电视观看	对照组:日常观看	合　计
暴力	a	b	a+b
无暴力	c	d	c+d
合计	a+c	b+d	a+b+c+d
实验组		a/(a+c)	a/c
对照组		b/(b+d)	b/d

相对风险=

$$\frac{\text{实验组风险}}{\text{对照组风险}}=\frac{a/(a+c)}{b/(b+d)}$$

比值比=

$$\frac{\text{实验组比率}}{\text{对照组比率}}=\frac{a/c}{b/d}=\frac{a\times d}{b\times c}$$

当后果在实验组中发生的频率低于对照组时，相对风险和比值比将会小于1。同样地，如果后果在实验组中比在对照组中更经常发生，【231】那么两者都将大于1。相对风险和比值比的方向（小于或者大于1）总是相同的，但比值比和相对风险偏离1的程度可以是非常不同的。

整合研究

要整合两个后果或效果之一可能发生于其中的研究，可以为分析中包含的每个研究构造一个2×2（2行2列）的表格。在电视观看研究中，表格中会包含看与不看电视以及实施和未实施暴力行为的孩子的人数。

该2×2表格类似这样：

	观看电视	未观看电视
效果		
暴力行为	a	b
无暴力行为	c	d

表中的数字分成实验组中观察到有效果（暴力行为）的孩子人数（O）以及预期人数（E），后者是如果实验不起作用（也就是无效）将会有暴力行为的孩子的人数。

统计上是这样的：O 等于 a，但期望人数是 $(a+b)\ (a+c)/N$，其中 N 是实验组和对照组的总人数。然后计算每次试验的差值（$O-E$）。对所有 i 次试验都重复这一步骤。

如果处理无效，差值（$O-E$）将只是偶然地偏离0。因此，总计（GT），

$$GT=(\sum O_i - E_i)$$

应该只偶然地偏离零，而且当 N 接近无限大时，GT 应该渐近地接近于零。非零的 GT 强烈显示实验具有一定效果。比值比（exp［T/V］，

其中，V 是方差和）是对非零假设有效性的一个估计，其 95% 置信区
【232】 间由指数（$T/V \pm 1.96/S$）给定，其中，S 是 GT 偏离零的标准差的数值。

这个领域的某些专家使用 logistic 回归获取联合比值比的极大似然估计量（对相对风险的一个估计）。logistic 回归的优点是其能够同时控制研究设计特征的影响，诸如参加者的年龄或健康状况，这些是被认为可能会影响研究后果的变量。logistic 回归允许你把年龄和健康状况这类变量纳入回归方程，以估计调整后的处理效果。这些变量属于自变量（有时也称作协变量）。当统计上拒绝同质假设时，logistic 回归能被用来搜寻研究间的系统性差异。如果同质性假设被拒绝，且 logistic 模型不能产生任何可信的结果以解释异质性的来源，在这种情况下，一些分析者建议使用方差分量分析（components-of-variance analysis）。

处理效果的估计值可以通过加权技术予以修正，加权可以基于估计的精确性、所分析研究的相对重要性或质量或者用来标准化结果的参考总体。

描述性综述与元分析

最好的描述性综述和元分析在系统性和可复制性方面是相同的。他们都依赖清晰的检索策略；相关的高质量研究的明确的选择标准；以及标准化的综述程序。然而，它们在如何处理综述中包含的每项研
【233】 究的发现和结论方面是有区别的。描述性综述在阐述时依赖经验和论据，而元分析则使用统计技术综合研究结果。只有当研究满足预先设定的最高质量要求时才适合综合研究结果。你需要弄清楚描述性综述和统计综述之间的不同，才能够确定哪个更符合你的意图。

以下是文献中找到的关于元分析的典型例子。

Feder, G.S., Hutson, M., Ramsay, J., & Taket, A.R. (2006). Women exposed to intimate partner violence. *Archives of Internal Medicine*, *166*, 22-37.

Goldberg, W. A., Prause, J., Lucas-Thompson, R., & Himsel, A. (2008). Maternal employment and children's achievement in context: A meta-analysis of four decades of research. *Psychological Bulletin*, *134*, 77-108.

Grabe, S., Ward, L.M., & Hyde, J.S.(2008).Role of the media in body image concerns among women: A meta-analysis of experimental and correlational studies. *Psychological Bulletin*, *134*, 460-476.

Juffer, F., & van Uzendoorn, M.H.(2007).Adoptees do not lack self-esteem: A metaanalysis of studies on self-esteem of transracial, international, and domestic adoptees. *Psychological Bulletin*, *133*, 1067-1083.

Lemstra, M., Bennett, N.R., Neudorf, C., Kunst, A., Nannapaneni, D., Warren, L.M., et al.(2008).A meta-analysis of marijuana and alcohol use by socio-economic status in adolescents aged 10-15 years. *Canadian Journal of Public Health*, *99*, 172-177.

Rhodes, R.E., & Smith, N.E.I.(2006).Personality correlates of physical activity: A review and meta-analysis. *British Journal of Sports Medicine*, *40*, 958-965.

Ried, K., Frank, O.R., Stocks, N.P., Fakler, P., & Sullivan, T. (2008).Effect of garlic on blood pressure: A systematic review and meta-analysis.*BMC Cardiovascular Disorders*, *8*, 13.

要点小结

- 文献综述用来描述现有知识、论证新研究的必要性和重要性、解释研究发现和描述现有研究的质量。

- 描述性综述依赖在识别和解释文献的目的、方法和发现的异同方面的知识和经验。这种综述在缺乏随机试验和好的观察研究时适用。

- 如果可以得到随机化试验和好的观察研究，那么元分析可能
【234】更为适当。这类综述使用正式的统计技术合并不同研究的结果。
- 当应用元分析时需要提出下列 7 个问题：

1.**元分析的目标是否清楚界定？**目标是开展分析的目的。元分析已经应用于多种多样的主题，如学校预防吸烟计划、青少年赌博问题、消费者选择和潜意识广告、剖腹产及其心理后果、静脉溶栓对急性心肌梗死的有效性以及电击在抑郁治疗上的应用，等等。

元分析是一种研究方法，因而目标（研究问题、假设）设定必须先于其他活动。作为使用者，你必须知道元分析的目标，然后才能评估纳入（或者排除）研究的标准的适当性，确定整合研究的方法的充分性，以及评估研究者的结论的正确性。

2.**取舍标准明晰吗？**文献综述——无论是描述性综述或元分析——通常都需要经过两道合格性筛选。第一道筛选主要是实用性的，主要用来找出那些可能有用的研究，这些研究是与主题相关的、发表在受尊崇的杂志上，等等。第二道筛选是从质量角度出发的，用来找出那些与科学家和学者收集有力证据的方法最一致的研究。

3.**检索策略令人满意吗？**所有文献综述都是通过在线和手工检索再辅以咨询本领域专家进行的，所有的文献检索都按照这样的优先顺序进行文章搜索。在元分析中，确保纳入同行评议期刊尚未发表的在研研究的数据尤为重要。如果不这样做的话，分析就可能受到发表偏倚的损害，这个词用来指综述偏爱已发表研究的结果这一现象。发表的研究可能不同于未发表的研究，因为前者更倾向于正向的研究发现；负向的研究发现或组间无差异的发现不那么容易得到发表。

【235】4.**是否采用一个标准化程序筛选文献？**通常有两个或更多综述人确定研究的整体质量。为确保综述的一致性，你应该准备一个筛选程序。这意味着每项研究都将按照统一的方式综述。为最小化偏倚，有时候不会告诉综述人作者的姓名、研究的目的、研究开展地点以及干预或项目的性质。在每个综述人完成对所有研究的问卷后，将各个综述人的结果进行比较。通常，结果的差异通过综述人自身之间的讨论，或通过作为仲裁人或“黄金标准”的第三者，予以协商解决。

5.**是否采用一个标准化的程序收集数据？**一旦研究被选中，就对

他们进行审阅并抽取信息。与筛选过程一样，有效的数据收集通常也要求至少两个综述人使用一套标准程序。

6.**作者论证了结合或“联合”结果的方法吗？**元分析方法的一个常见基本假设是，你可以联合各个研究结果产生一个汇总度量，因为所有的研究结果都是同质性的，反映了同样的“真实”效果。如果这一假设正确，那么当把结果整合到一起，所有随机误差都会抵消，并产生一个元研究。另外一个假设是每项研究估计的都是一种独特的处理效果，并会高估较小型的研究。当各个研究的处理效果没有异质性时，两种方法是等效的。

7.**报告是否包含结果、结论和局限性分析？**结果指的是实际的数量、比例、比值比、风险比、置信区间和其他统计发现。结论是来自统计数据的推论。局限性是由抽样、研究设计、数据收集和未涉及或未回答的研究问题所引起的对内部和外部效度的威胁。

练　习

1.以下比较描述性文献综述和元分析的说法是正确的还是错误的？解释你的选择。

1a.描述性综述通常依赖观察——而非实验——研究。

1b.元分析产生的信息比描述性综述更好。

1c.你需要接受正规统计学训练才能做元分析。【236】

1d.元分析只适用于支持随机试验或真实验的领域——如医学和健康领域。

2.对评估提高入学率项目的研究进行了一项元分析。阅读下面有关元分析及其结果的缩略版（如研究设计、检索策略和质量标准均有所省略）的摘要。使用摘要中提供的信息，写出结果。

目标：提高入学率。

参加者：参加者分为四个年龄段：8—10 岁，11—13 岁、14—16 岁和 17 岁及以上。

项目：文献中讨论了五类项目，它们是（a）校长致信家长；（b）校长致电;(c)向全家发放上学重要性的教育材料;(d)与学生就某些和学校相关的行为(包括按时上学)达成协议;以及(e)召开家庭和校长或老师的会议。

分析:根据给定年龄段中入学学生的比例除以未入学者的比例计算入学比值。比值比(ORs)的计算是参与项目组中的入学比值除以
【237】对照组中的入学比值。比值比(ORs)大于1意味着项目对入学的正效果。对相同类型项目的各项研究的估计值进行了同质性检验(来自不同研究的结果的一致性)。采用一种统计方法合并了来自同类干预的各个研究的相同性质的ORs。计算了单个ORs和汇总后ORs的95%置信区间(CIs)。

结果:

项目类型和参与者年龄段	参与者数量	比值比(95%置信区间)
信件[a]		
11—13	662	1.91(1.30~2.70)
14—16	192	5.60(2.40~13.60)
17+	883	1.69(0.86~3.35)
合计	1 737	2.17(1.69~2.92)
电话		
8—10	50	7.70(1.30~59.30)
11—13	50	2.70(0.74~10.17)
14—16	184	4.90(1.90~13.30)
17+	424	2.10(1.16~3.73)
合计	708	2.88(1.93~4.31)
教育材料		
8—10	247	0.84(0.48~1.46)
11—13	60	3.82(1.00~15.87)
14—16	60	2.10(0.63~7.19)
17+	50	3.27(0.87~12.72)
合计	417	2.91(1.51~5.61)

续表

项目类型和参与者年龄段	参与者数量	比值比(95%置信区间)
协议[b]		
14—16	123	1.36(0.60~2.98)
17+	50	4.57(1.19~18.31)
合计	173	1.89(1.04~3.45)
会议[c]		
14—16	195	1.46(0.79~2.71)
17+	2 055	1.66(1.35~2.04)
合计	2 250	1.64(1.36~1.98)

a.8—10 岁组的结果数据是异质的。

b.8—10 岁组和 11—13 岁组的结果数据是异质的。【238】

c.8—10 岁组和 11—13 岁组的结果数据是异质的。

根据本表写出结果。

答　案

1a.**错误**。描述性综述既依赖观察研究也依赖实验研究。

1b.**错误**。元分析和描述性综述取决于可获取的数据的质量和处理数据的专业知识。出色的描述性分析和糟糕的元分析都是可能出现的。理论上,元分析可能优于描述性综述。这是因为从逻辑上讲,除非是最严谨、最彻底的真实验,否则若干出色但相对较小的研究的效力可能更高。

1c.**正确**。你必须经过正规统计学训练后才能进行元分析。你不必成为受过正规训练的统计专家才能开展元分析。不过,对统计学的逻辑有所了解,知道如何解释统计数据是基本的。

1d.**错误**。元分析适用于所有领域。之所以经常做不成的原因是,在许多领域中,已有的研究是非实验的、没有集中在后果上或者没有充分描述研究的方法和发现。医疗保健领域十分关心研究方法论，也十分关心元分析这一研究方法。

2.**结果**:给家长写信被证明对改善11岁及以上孩子的入学情况有效(总OR=2.2,95%置信区间:1.7—2.9)。打电话对所有年龄段有效,OR值为2.9(95%置信区间:1.9—4.3)。教育材料对改善所有年龄段孩子的入学情况也是成功的(OR=2.9,95%置信区间:1.5—5.6)。协议和会议对14—17岁及以上年龄组有效(OR=1.9,95%置信区间:1.04—3.5;OR=1.64,95%置信区间:1.4—1.9)。因为在三种干预中，年龄较小的孩子的结果是异质性的,因而没有被包含在总计中。

推荐读物

Bailar, J.C.(1997).The promised and problems of meta-analysis. *Journal of the American Medical Association*, *337*, 559-561.

Cappelleri, J.C., Ioannidis, J.P.A., Schmid, C.H., de Ferranti, S.D., Aubert, M.,
【239】 Chalmers, T.C., et al.(1996).Large trials vs.meta-analysis of smaller trials: How do their results compare? *Journal of the American Medical Association*, *276*, 1332-1338.

Chalmers, T.C., & Buyse, M.E.(1988).Meta-analysis: For Mantel-Haenszel-Peto method.In T.C.Chalmers (Ed.), *Data analysis for clinical medicine in gastroenterology: The quantitative approach to patient care* (pp.75-84).Rome: International Press.

DerSimonian, R., & Laird, N.(1986).Combining evidence in clinical trials.*Controlled Clinical Trials*, *71*, 171-188.

Egger, M., Juni, P., Bartlett, C., Holenstein, E, & Sterne, J.(2003).How important are comprehensive literature searches and the assessment of trial quality in systematic reviews? [Monograph] *Health Technology Assessment*, *7*(1), 1-76.

Egger, M., Smith, G.D., & Phillips, A.N.(1997).Meta-analysis: Principles and procedures.*British Medical Journal*, *315*, 1533-1537.

Greenland, S.(1994).Invited commentary: A critical look at some popular meta-analytic methods.*American Journal of Epidemiology*, *140*,290-296.

Hall, J.A., & Rosenthal, R.(1995).Interpreting and evaluating meta-analysis.*Evaluation & the Health Professions*, *18*, 393-407.

Ioannidis, J. P. A., Cappelleri, J. C., Lau, J., Skolnik, P. R., Melville, B., Chalmers, T.C., et al.(1995).Early or deferred zidovudine therapy in HlV-infected patients without an AISA-defining illness: A meta-analysis.*Annals of Internal Medicine*, *122*, 856-866.(Provides the statistical method for the random effects [DerSimonian and Laird] model)

LAbbe, K.R., Detsky, A.S., & O'Rourke, K.O.(1987).Meta-analysis in clinical research.*Annals of Internal Medicine*, *107*,224-233.

Petticrew, M.A.(2003).Why certain systematic reviews reach uncertain conclusions. *British Medical Journal*, *326*, 756-758.

Riegelman, R.K., & Hirsch, R.P.(1996).*Studying a study and testing a test: How to read the health science literature*.Boston: Little, Brown.

Rosenthal, R.(1979).The file drawer problem and tolerance for null results.*Psychological Bulletin*, *86*, 638-641.

Sensky, T.(2003).The utility of systematic reviews: The case of psychological debriefing after trauma.*Psychotherapy & Psychosomatics*, *72*, 171-175.

Stroup, D.E, Berlin, J.A., Morton, S.C., Olkin, I., Williamson, G.D., Rennie, D., et al.(2000).Meta-analysis of observational studies in epidemiology: A proposal for reporting.Meta-analysis Of Observational Studies in Epidemiology (MOOSE) group. *Journal of the American Medical Association*, *283*(15), 2008-2012.

元分析

如果你对元分析感兴趣，最好的学习地点是 Cochrane Collaboration 网站。该网站(www.cochrane.org)提供一本包含所有主要术语(如处理[NNT]所需的数字、同质性等)的手册。这个网站还有 【240】
数百个元分析实例。

注 释

1.Turner, J.A., Deyo, R.A., Loeser J.D., Von Korff, M., & Fordyce, W.E.(1994).The importance of placebo effects in pain treatment and research.*Journal of the American Medical Association*, *271*, 1609-1614.

2.Huntington, J., & Connell, F.(1994).For every dollar spent: The cost-savings argument for prenatal care. *New England Journal of Medicine*, *331*, 1303-1307.

3.Corbie-Smith, G., St George, D.M., Moody-Ayers, S., & Ransohoff, D.F.(2003).Adequacy of reporting race/ethnicity in clinical trials in areas of health disparities. *Journal of Clinical Epidemiology*, *56*, 416-420.

4.参见第 2、3 章对纳入和排除标准的详细讨论。

5.参见第 1 章关于如何搜索文献的详细讨论。

6.参见第 3 章关于标准化程序的详细讨论。

7.参见第 4 章关于数据收集过程的讨论。

8.参见第 4 章关于如何计算 Kappa 统计值的讨论。

9.参见第 2 章关于内部和外部效度的讨论。

10.参见第 4 章对 Kappa 值的讨论。

11.Steinberg, K.K., Thacker, S.B., Smith, S.J., Stroup, D.F., Zack, M.M., Flanders, D., et a1.(1991).A meta-analysis of the effect of estrogen replacement therapy on the risk of breast cancer. *Journal of the American Medical Association*, *265*, 1985-1990.

12.Midgley, J.P., Matthew, A.G., Greenwood, C.M., & Logan, A.G.(1996).Effect of reduced dietary sodium on blood pressure.*Journal of the American Medical Association*, *275*, 1590-1597.

13.Yeung, J., & Yu, T.-F.(2003).Effects of isoflavones (soy phyto-estrogens) on serum lipids: A meta-analysis of randomized controlled trials. *Nutrition Journal*, *2*, 15.The electronic version of this article is the complete one and can be found online at www. nutritionj. com/content/2/1/15 © 2003 Yeung and Yu; licensee BioMed 【241】Central Ltd.This is an Open Access article: verbatim copying and redistribution of this article are permitted in all media for any purpose, provided this notice is preserved along with the article's original URL.

主题索引

万卷方法®

知识生产者的头脑工具箱

很多做研究、写论文的人，可能还没有意识到，他们从事的是一项特殊的生产活动。而这项生产活动，和其他的所有生产活动一样，可以借助工具来大大提高效率。

万卷方法是为辅助知识生产而存在的一套工具书。

这套书系中，

有的，介绍研究的技巧，如《会读才会写》《如何做好文献综述》《研究设计与写作指导》《质性研究编码手册》；

有的，演示 STATA、AMOS、SPSS、Mplus 等统计分析软件的操作与应用；

有的，专门讲解和梳理某一种具体研究方法，如量化民族志、倾向值匹配法、元分析、回归分析、扎根理论、现象学研究方法、参与观察法等；

还有，

《社会科学研究方法百科全书》《质性研究手册》《社会网络分析手册》等汇集方家之言，从历史演化的视角，系统化呈现社会科学研究方法的全面图景；

《社会研究方法》《管理学问卷调查研究方法》等用于不同学科的优秀方法教材；

《领悟方法》《社会学家的窍门》等反思研究方法隐蔽关窍的慧黠之作……

书，是人和人的相遇。

是读者和作者，通过书做跨越时空的对话。

也是读者和读者，通过推荐、共读、交流一本书，分享共识和成长。

万卷方法这样的工具书很难进入豆瓣、当当、京东等平台的读书榜单，也不容易成为热点和话题。很多写论文、做研究的人，面对茫茫书海，往往并不知道其中哪一本可以帮到自己。

因此，我们诚挚地期待，你在阅读本书之后，向合适的人推荐它，让更多需要的人早日得到它的帮助。

我们相信：

每一个人的意见和判断，都是有价值的。

我们为推荐人提供意见变现的途径，具体请扫描二维码，关注“重庆大学出版社万卷方法”微信公众号，发送“推荐员”，了解详细的活动方案。